Dietrich Kreplin • Bridge lernen leicht gemacht

Dietrich Kreplin

Bridge lernen leicht gemacht

Das Bridge-Lehrbuch für Karten-Neulinge

Eine Einführung in das Acol-System

4. Auflage

IDEA

Bibliografische Information der Deutschen Nationalbibliothek: Die Deutsche Nationalbibliothek verzeichnet diese Publikation in der Deutschen Nationalbibliografie; detaillierte bibliografische Daten sind im Internet über dnb.d-nb.d

ISBN 978-3-98886-018-7

Auflage 2024
ISBN 978-3-98886-018-7

... Sie sollten sich bei der Lektüre dieses Buches Zeit lassen, ein Kartenspiel zur Hand nehmen, es auslegen und die Testaufgaben selbst »mitspielen« ...

Vorwort

Die Suche nach einer internationalen Sprache hat schon lange Zeit die Menschheit bewegt. Einer der engagiertesten Sprachforscher war der polnische Augenarzt Ludwig Zamenhof, der 1887 mit 28 Buchstaben und 16 Grundregeln ohne Ausnahmen versucht hat, eine Welthilfssprache zu konstruieren: Esperanto. Durchgesetzt hat sich keine internationale Sprache, auch Esperanto nicht. Aber es gibt Sprachen, die in vielen Ländern zumindest von einer Minderheit verstanden werden. Und seit einigen Jahrzehnten gibt es auch ein Spiel, das in allen Erdteilen von Menschen unterschiedlicher Nationalität nach denselben Regeln und in derselben "Sprache" gespielt wird: Bridge. Erforderlich dafür ist nur ein "Mini-Vokabular": die Zahlen von eins bis sieben, die Bezeichnungen für die vier Spielkartenfarben, der französische Ausdruck Sans Atout sowie die Begriffe Passe, Kontra und Re-Kontra. Seit einigen Jahren ist auch das "Sprechen" dieser Sprache nicht mehr nötig. In Bridge-Clubs werden heute Bidding Boxes mit Bietkarten verwendet, kleine Kästen mit verschiedenfarbigen Karten, und auch beim Bridge zu Haus kann man sich dieses Hilfsmittels bedienen. Wortlos kann jetzt beim Bridge-Spiel kommuniziert werden.
Bridge ist das am weitesten verbreitete und auch interessanteste Kartenspiel der Welt. Es wird in über 100 Ländern von mehr als 100 Millionen gespielt. Immer mehr Menschen sind von diesem Spiel und der intellektuellen Herausforderung dieses "Schachs der Kartenspiele" begeistert. Verglichen mit vielen anderen Freizeitbeschäftigungen und Sportarten bietet Bridge zahlreiche Vorteile: Männer und Frauen, Jugendliche und ältere Menschen spielen nach denselben Regeln, unter gleichen Voraussetzungen und mit gleichen Erfolgs-Chancen. Einer besonderen körperlichen Fitneß bedarf es nicht, um erfolgreich am Spiel teilzunehmen. Bridge kann bei jedem Wetter und zu jeder Tageszeit gespielt werden. Die einzige Klage, die nicht selten von Bridge-Anfängern zu hören ist, ist das Bedauern, Bridge nicht schon zu einem früheren Zeitpunkt gelernt zu haben.

Einleitung

Wenn Sie sich bisher noch nicht mit Bridge beschäftigt haben, könnte es daran liegen, daß es Ihnen an Selbstvertrauen gefehlt hat, weil Bridge angeblich sehr kompliziert und nicht leicht zu erlernen ist. Vielleicht haben Sie auch schon einmal ein Bridge-Lehrbuch in der Hand gehabt, das eine Einführung in das Bridgespiel sein will, und festgestellt, daß dieses Buch viel zu viel Neues zu schnell präsentiert und vor allem Kenntnisse im Kartenspielen voraussetzt, über die Sie noch nicht verfügen.
Das vorliegende Buch will dem abhelfen und Ihnen dabei behilflich sein, Ihre Befürchtungen gegenüber Bridge zu überwinden. Es wendet sich besonders - aber keinesfalls ausschließlich - an Karten-Einsteiger, denen Begriffe wie Reizen, Trumpfen, Schneiden möglicherweise noch nicht vertraut sind, und ist für Jugendliche ebenso geeignet wie für Erwachsene, denn es beschränkt sich auf Wesentliches und führt in leicht verständlicher Form in die Welt des Bridge ein, ohne den Leser mit komplizierten Details zu belasten. Zugrundegelegt wird das Acol-System, ein natürliches Bietsystem, das weltweit immer mehr Freunde gewinnt.
"Bridge lernen leicht gemacht" ist in drei Hauptabschnitte gegliedert. Im ersten Teil (**"Allgemeines"**) lernen Sie die Spieler, die Karten, das Reizen und die Blattbewertung kennen. Der zweite Teil (**"Die Reizung"**) behandelt Eröffnungsgebot, Antwortreizung, Rückgebot des Eröffners und seines Partners, Gegenreizung, die verschiedenen Formen des Kontra, Sperransagen, starke Eröffnungen, Schlemmreizung und die beiden wichtigsten Konventionen. Im dritten Teil (**"Die Spieldurchführung"**) werden Grundlagen des Alleinspiels und des Gegenspiels erläutert. Zusammenfassungen und insgesamt 180 Testfragen ergänzen die einzelnen Abschnitte und ermöglichen, Wichtiges zu wiederholen und Fortschritte zu überprüfen. Der **Anhang** beschäftigt sich mit der Abrechnung beim Rubber-Bridge und beim Turnier-Bridge, mit Geschichte und Entwicklung des Bridge und der Entstehung des Acol-Systems. Ein ausführliches Verzeichnis mit Bridge-Ausdrücken wird Ihnen helfen, wichtige Fachausdrücke nachzuschlagen.
Sie sollten sich bei der Lektüre des vorliegenden Buches Zeit lassen, systematisch Abschnitt für Abschnitt durcharbeiten, ein Kartenspiel zur Hand nehmen und mit ausgelegten Karten die beschriebenen Teilungen

und Testaufgaben selbst "mitspielen" - am besten mit Freunden, die Bridge-Anfänger sind wie Sie selbst. Je weiter Sie mit der Lektüre fortschreiten, desto sicherer werden Sie Zusammenhänge erkennen und desto mehr Freude an Bridge werden Sie finden.

A. ALLGEMEINES

1. Die Spieler

Bridge ist ein Kartenspiel für vier Personen, bei dem sich jeweils zwei Personen gegenübersitzen und ein Paar (ein Team, eine Partnerschaft, Mannschaft, Partei) bilden, das gegen das andere Paar spielt. Im Idealfall sitzen Bridgespieler an einem quadratischen Tisch, jedoch genügt auch irgendein rechteckiger oder runder Tisch.
Um Spieler und Kartenverteilungen leicht identifizieren zu können, bezeichnet man die vier Spieler nach den vier Himmelsrichtungen. Nord spielt also mit Süd zusammen und bildet mit dem auf Süd sitzenden Partner eine Partei, ebenso West mit seinem Partner Ost.
Spielt man nicht in einem Bridge-Club sondern zu Haus und hat keinen regelmäßigen Partner zum Kartenspielen, so lost man die Partnerschaften aus. Die Karten werden gemischt, man läßt den gemischten Stoß abheben und breitet die Karten fächerförmig verdeckt auf dem Tisch aus. Jeder der vier zum Bridge zusammengekommenen Spieler zieht nun eine Karte. Die zwei Spieler, die die zwei höchsten Karten gezogen haben, spielen als Paar gegen die beiden anderen. Haben mehrere Personen Karten gleichen Ranges gezogen, ist also beispielsweise zwei-, drei- oder viermal ein König gezogen worden, so entscheidet der Rang der Farbe über die Partnerschaft. Aber über den Rang der vier Farben soll erst im folgenden Abschnitt gesprochen werden.

2. Die Karten

Als Spielkarten werden französische Karten benutzt. Man benötigt ein Paket von 52 Karten (Joker braucht man im Bridge nicht). Für Bridge-Anfänger, die noch nie mit Spielkarten zu tun hatten, sei erklärt, daß die 52 Karten in vier Sorten (Kartenfamilien, Gruppen), die man "Farben" nennt, unterschieden werden. Diese vier Farben nennt man

Pik
Coeur (nicht Herz, wie bei einigen anderen Kartenspielen)
Karo
Treff (nicht Kreuz).

Auf Spielkarten, in Bridgespalten von Zeitschriften, Bridge-Büchern und auch im vorliegenden Buch werden die Farben durch Symbole dargestellt:

♠ Pik
♥ Coeur
♦ Karo
♣ Treff

Jede der vier Farben besteht aus 13 Karten (4 x 13 = 52) mit dem As als höchster und der 2 als niedrigster Karte. Die "**Rangordnung**" der 13 Karten lautet: As (A), König (K), Dame (D), Bube (B), 10, 9, 8 etc. bis hin zur niedrigsten Karte, der 2. Im gesamten Kartenpaket gibt es also vier Asse, vier Könige, vier Damen etc. bis hin zu vier 2en.
Auch die vier Farben unterliegen einer **Rangordnung**: Pik und Coeur werden "**Oberfarben**", Karo und Treff "**Unterfarben**" genannt. Pik ist "höher" als Coeur, Coeur höher als Karo und Karo höher als Treff, so daß sich die Rangordnung Pik - Coeur - Karo - Treff mit der Oberfarbe Pik als der ranghöchsten und der Unterfarbe Treff als der rangniedrigsten Farbe ergibt.

3. Das Austeilen der Karten

Nachdem der "**Teiler**" (oder "**Geber**") für das erste Spiel ausgelost worden ist - der Spieler, der die Karte mit dem höchsten Wert gezogen hat, ist der Teiler -, werden vom links neben dem Teiler sitzenden Spieler alle 52 Karten gemischt. Vom rechten Nachbarn des Teilers wird der gemischte Kartenstoß abgehoben und anschließend vom Teiler ausgeteilt. Die Verteilung der Karten erfolgt einzeln im Uhrzeigersinn, beginnend mit dem Spieler zur Linken des Teilers, so daß der Teiler selbst die letzte, die 52. Karte, erhält.
Erst nach Austeilen aller Karten nimmt jeder der vier Spieler seine 13 Karten auf und zählt sie verdeckt (mit dem Bild nach unten) nach. Anschließend nimmt er sie fächerförmig in eine Hand und ordnet sie nach Farben und Werten, wobei es empfehlenswert ist, die Farben Rot und Schwarz der besseren Übersichtlichkeit wegen zu trennen und innerhalb der einzelnen Farben die höchsten Karten jeweils links einzuord-

nen. Die 13 Karten eines Spielers werden seine "**Hand**" oder auch sein "**Blatt**" genannt.
Spielt man nicht zu Haus, sondern in einem Bridgeclub, stecken die Karten für die einzelnen Spieler in einem Behältnis, das man "**Board**" nennt. Dieses Board hat je ein kleines Fach für die jeweils 13 Karten der vier Spieler. Zu Beginn eines Clubturniers werden die Karten gemischt, ausgeteilt und je 13 Karten verdeckt in die vier mit Nord, Ost, Süd und West bezeichneten Fächer gesteckt. Nach Beendigung eines Spieles wirft man die Karten nicht (wie beim Bridge zu Haus) zusammen und mischt sie neu, sondern steckt sie zu je 13 in die entsprechenden Fächer zurück. Da bei Clubturnieren natürlich an mehreren Tischen gespielt wird, können durch dieses Verfahren anschließend andere Paare mit genau denselben Kartenverteilungen spielen, und man ist am Ende des Turniers in der Lage, die einzelnen Resultate miteinander zu vergleichen.

4. Das Ziel des Spiels

Ziel des Spiels ist, gemeinsam mit seinem Partner so viele "**Stiche**" wie möglich zu gewinnen. Was ist ein "Stich" und wie kann man Stiche "gewinnen"? Jeder Stich besteht aus vier Karten. Einer der vier Spieler legt eine seiner 13 Karten offen vor sich auf den Tisch (man sagt dazu: er "**spielt aus**", "**greift an**"). Die drei anderen Spieler legen anschließend der Reihe nach im Uhrzeigersinn je eine ihrer Karten dazu - ebenfalls offen vor sich auf den Tisch. Dabei sind sie verpflichtet, eine Karte derselben Farbe zu spielen (sie müssen "**bedienen**", "**zugeben**", "**Farbe bekennen**"). Die ranghöchste der vier gespielten Karten hat den Stich gewonnen. Logischerweise gibt es also in jedem Spiel jeweils 13 Stiche, da ja jeder Spieler 13 Karten besitzt.
War beispielsweise Süd Teiler und hat die ♦ 9 zum ersten Stich ausgespielt, West den ♦ B , Nord die ♦ D gelegt und Ost mit ♦ 7 bedient, so hat Nord den Stich gewonnen, weil die ♦D die ranghöchste der vier gespielten Karten ist. Jeder Spieler legt nun seine gespielte Karte umgedreht, also verdeckt, vor sich auf den Tisch. Um am Ende eines Spiels die Überprüfung der Anzahl erzielter Gewinnstiche zu erleichtern, legt jeder Spieler seine gespielte Karte nach einem gewonnenen Stich jeweils senkrecht zu sich ab, nach einem verlorenen Stich waagerecht.

Die Karten aller folgenden Stiche bis hin zum 13. Stich werden dann wieder entweder senkrecht oder waagerecht halb übereinander danebengelegt. Während das Ausspiel zum ersten Stich festliegt (immer spielt der Teiler aus), wird das Ausspiel zu allen weiteren Stichen durch den Gewinn eines Stiches bestimmt. Der Spieler, der einen Stich gewonnen hat, spielt jeweils zum nächsten Stich aus. Also spielt in unserem Beispiel Nord zum zweiten Stich aus.
Kann ein Spieler die verlangte Farbe nicht bedienen, weil er in dieser Farbe keine Karte besitzt, muß er statt dessen eine beliebige Karte einer anderen Farbe einsetzen. Man nennt das "**abwerfen**". Hat im vorliegenden Fall beispielsweise Ost kein Karo mehr, so wirft er vielleicht die ♣ 4 oder die ♠ 2 ab. Am Gewinn des Stiches ändert das nichts. Karo war ausgespielt und verlangt. Nord hatte das höchste Karo gelegt, Ost besaß kein Karo sondern hat abgeworfen. Folglich hat Nord den Stich gewonnen.
Diese in unserem Beispiel gezeigte Grundregel, daß die ranghöchste Karte einer Farbe den Stich gewinnt, gilt in Spielen ohne Trumpffarbe. Solche Spiele ohne Trumpf werden "**Sans Atout**" genannt und SA abgekürzt. Für Bridge in englischsprachigen Ländern sollte man dafür auch die Bezeichnung "**No Trump**" (NT abgekürzt) kennen.
Außer SA-Spielen gibt es nun aber auch "**Farbspiele**", d.h. Spiele, für die eine der vier Farben als Farbe mit besonderen Vorrechten, als "**Trumpf**"-Farbe festgelegt wurde. Diese Trumpffarbe ist eine Farbe, die für die Dauer eines Spieles die stärkste, alles beherrschende Farbe ist, und auch der kleinste Trumpf dieser Farbe, die 2, ist mächtiger als jede Karte irgendeiner anderen Farbe.
Kehren wir zurück zu unserem obigen Beispiel: Handelt es sich nicht um ein SA-Spiel, sondern um ein Farbspiel und ist beispielsweise Pik als Trumpf bestimmt worden, so hätte nach Karo-Ausspiel nicht Nord sondern Ost diesen Stich gewonnen, wenn Ost kein Karo, aber mindestens eine Karte der Trumpffarbe Pik besitzt. Süd hat ♦ 9 ausgespielt. Wests ♦ B ist höher als die ♦ 9, Nords ♦ D höher als der ♦ B (bis hierhin gehört dieser Stich also Nord). Nun aber legt Ost, da er kein Karo hat, die ♠ 2. Pik ist Trumpf, Ost hat "getrumpft", und der Stich gehört ihm. Erneut muß betont werden: **es ist Pflicht zu bedienen**. Nur weil Ost kein Karo besitzt, darf er "**trumpfen**". Hätte er statt der ♠ 2 eine ♣- oder ♥-Karte gelegt, beispielsweise die ♣ 2 oder die ♥ 5,

dann wäre das kein Trumpfen sondern Abwerfen, und den Stich hätte Nord gewonnen. Wenn man also in einem Farbspiel eine ausgespielte Farbe nicht bedienen kann, so darf man trumpfen, aber man muß es nicht. Man kann auch abwerfen.

Zusammenfassung:

1. Zwei Partner (Nord und Süd bzw. Ost und West) arbeiten zusammen mit dem Ziel, so viele Stiche wie möglich zu gewinnen.

2. Nachdem eine Karte ausgespielt worden ist, müssen die drei anderen Spieler eine Karte derselben Farbe spielen, d. h. sie müssen bedienen.

3. Es gibt Sans Atout-Spiele (die jeweils höchste Karte in der ausgespielten Farbe gewinnt den Stich; es gibt keinen Trumpf) und Farbspiele (die jeweils höchste Karte einer ausgespielten Farbe bzw. die höchste Trumpfkarte gewinnt den Stich).

4. Kann ein Spieler nicht bedienen, weil er keine Karte der ausgespielten Farbe besitzt, darf er entweder abwerfen oder - nur in Farbspielen - trumpfen.

5. Der Spieler, der einen Stich gewonnen hat, spielt zum folgenden Stich aus.

Quiz 1

1. Wer spielt mit wem zusammen, wenn von den vier Spielern vor Spielbeginn folgende Karten gezogen worden sind:

a) ♥ 3	♥ 10	♣ D	♥ B
b) ♠ A	♥ D	♦ K	♠ 5
c) ♥ K	♦ 7	♠ K	♣ K
d) ♠ 8	♥ 9	♣ 9	♦ D

2. Welcher Spieler ist in den oben dargestellten vier Fällen jeweils der Teiler?

3. Welche Farbe ist die ranghöchste, welche die rangniedrigste?

4. Welche Farben bezeichnet man als Oberfarben, welche als Unterfarben?

5. Welche Farbe ist jeweils einen Rang höher als die hier genannte?

   a) Coeur b) Treff c) Pik d) Karo

6. Wem gehört der Stich in einem SA-Spiel, wenn West ausspielt:

	West	Nord	Ost	Süd
a)	♦ 3	♣ 5	♦ D	♦ B
b)	♦ K	♦ A	♣ 2	♠ 6
c)	♥ D	♥ K	♣ 8	♣ B

7. Wem gehört der Stich in den obigen drei Beispielen, wenn Treff Trumpf ist?

5. Das Reizen

Das Bridgespiel besteht aus zwei Teilen: der "**Reizung**" (auch "**Auktion**" genannt) und dem "**Spiel**" selbst. In einigen anderen Kartenspielen wird eine Trumpffarbe durch Aufdecken oder Ziehen einer Karte bestimmt. Beim Bridge hat jeder der vier Spieler durch eine Symbolsprache, das "**Reizen**", die Möglichkeit, die Farbe seiner Wahl zu bestimmen. Meist schlägt er seine längste Farbe, die Farbe, von der er die meisten Karten in seiner Hand hält, als Trumpffarbe vor. Oder er schlägt vor, daß ohne Trumpffarbe, also Sans Atout, gespielt wird. Nehmen wir einmal folgende Hände von Nord und von Süd an:

Nord ♠ A9864
♥ 7
♦ D73
♣ K986

Süd ♠ 75
♥ AK983
♦ 82
♣ ADB4

Süds längste Farbe ist Coeur. Er wird Coeur als Trumpffarbe vorschlagen. Nords längste Farbe ist Pik. Seine erste Wahl ist also Pik. Da Bridge ein Spiel von Partnern ist, die zusammenarbeiten wollen, müssen sie sich darüber unterhalten, welche Farbe die für sie günstigste ist. Sie müssen also darüber Übereinstimmung zu erzielen versuchen, welche Farbe sie zur Trumpffarbe bestimmen wollen. Die Schwierigkeit ist jedoch, einen Konsens zu erreichen, ohne die Karten seines Partners sehen und dem Partner Genaueres über die eigenen Karten mitteilen zu können. Man kann also seinem Partner nicht die Anzahl der Karten in einer bestimmten Farbe mitteilen und auch nicht, ob man beispielsweise in einer bestimmten Farbe das As oder nur den König besitzt. Das ist zwar bedauerlich - wie langweilig aber wäre Bridge, wenn man außer seine eigenen Karten auch die seines Partners sehen dürfte! Bridge hätte seinen Reiz verloren, dürfte Süd seinem Partner z.B. mitteilen "ich habe As, König, 9, 8 und 3 in Coeur." Statt dessen könnte die Unterhaltung zwischen den beiden Partnern mit den oben vorgestellten Händen etwa so verlaufen:

Süd:	Coeur ist meine beste Farbe.
Nord:	Für mich ist Pik besser. Von Coeur halte ich nichts.
Süd:	In Pik bin ich schwach. Was hältst Du von Treff?
Nord:	Treff ist mir recht.
Süd:	Dann sollte Treff unsere Trumpf-Farbe sein.
Nord:	Einverstanden!

So etwa sieht das Konzept beim Reizen aus. Es ist wirklich unkompliziert. Beide Partner tauschen so viele Informationen wie möglich über ihre beiden Hände aus, und am Ende haben sie die Farbe gefunden, in der sie gemeinsam die meisten Karten besitzen. Das ist das Prinzip des partnerschaftlichen Reizens in einer Auktion. In Coeur halten Nord und Süd zusammen nur sechs Karten, in Pik sieben, in Treff jedoch verfügen sie gemeinsam über acht Karten. Das ist also ihre beste Farbe. Sie haben in Treff einen **"Fit"** gefunden.
In einer Auktion versuchen die jeweiligen Partner also, durch ihr Reizen die **"Denomination"** vorzuschlagen. Sie versuchen, ihre beste Farbe zu finden oder sich auf Sans Atout zu einigen. Eine gute Farbe ist in der Regel eine Farbe, in der die Partner zusammen acht oder mehr Karten in ihren Händen halten - eine Farbe, in der sie einen Fit gefunden haben. Da es in jeder Farbe 13 Karten gibt, haben die Gegner nur fünf Karten

in der Farbe, in der die eigene Partei acht Karten besitzt. In unserem Beispiel halten Nord/Süd acht Karten in Treff. Sie haben demzufolge die klare Treff-Majorität gegenüber den fünf Treff-Karten bei Ost/West. Wenn sie nun erreichen können, daß Treff Trumpffarbe wird, werden sie mit ihren hohen Trumpfkarten, mit ♣A, ♣ K und ♣ D, die Treff der Gegner kassieren und mit ihren kleinen Trumpfkarten Stiche gewinnen können, sobald sie eine der drei anderen Farben nicht mehr bedienen können. Denn jede Trumpfkarte, auch die niedrigste, ist - wie wir bereits gelernt haben - stärker als jede auch noch so hohe Karte in einer anderen Farbe.
Nun dürfen wir allerdings beim Bridge eine Unterhaltung in der eben dargestellten Form nicht führen. Wir dürfen uns mit unserem Partner nicht im Klartext unterhalten, sondern müssen in Chiffren reden. Wir müssen uns in einer speziell für Bridge festgelegten Symbolsprache verständigen. Diese Sprache besteht allerdings nur aus einigen wenigen Wörtern, die leicht zu erlernen sind. Das Erfreuliche daran ist, daß diese Sprache in der ganzen Welt von allen Bridgespielern verstanden wird und man, wie in unserem Vorwort bereits erwähnt, das Sprechen dieser Symbolsprache sogar durch Benutzung von Bietkarten ersetzen kann.

Der beim Reizen verwendete "Wortschatz" besteht aus den Zahlen 1 bis 7, aus den Bezeichnungen für die vier Farben (Pik, Coeur, Karo und Treff), aus dem französischen Sans Atout sowie den Begriffen "**Passe**", "**Kontra**" und "**Re-Kontra**". Nur diese wenigen Vokabeln benötigt man, um seine Hand zu beschreiben. Mit einer Kombination bestehend aus einer Zahl und einer Denomination (der Bezeichnung für eine Farbe bzw. dem Ausdruck Sans Atout) gibt man "**Gebote**" ab. Die Gebote sollen im folgenden erklärt werden. Über die Bedeutung der "**Ansagen**" Passe, Kontra und Re-Kontra wird später gesprochen werden. Gebote sind - wie oben erwähnt - eine Kombination bestehend aus einer Zahl und einer Farbe bzw. aus einer Zahl und dem Ausdruck Sans Atout. 1♣, 3♥, 6SA oder 7♦ beispielsweise sind Gebote. Angenommen, ein Spieler reizt in einer Auktion 1♣, so liegt auf der Hand, daß ihm die Farbe Treff als mögliche Trumpffarbe sehr angenehm wäre. Die Zahl, in diesem Fall die Zahl 1, hat etwas zu tun mit der Anzahl der Stiche, die dieser Spieler zu gewinnen verspricht, falls er die Auktion gewinnt und die Farbe Treff Trumpf ist. Nun heißt 1♣ aber natürlich nicht, daß er nur 1 Stich gewinnen will, wenn die Trumpffarbe Treff heißt. Dann würden ja die Gegner die restlichen 12 Stiche gewinnen! Es ist logisch, daß die Partnerschaft, die in einem Spiel siegreich sein will, mehr als die Hälfte aller Stiche, also mindestens sieben Stiche, gewinnen muß. Bei jedem Gebot werden deshalb sechs Stiche als Grundstock, als sog. **"Buch"**, vorausgesetzt und der gebotenen Zahl zugerechnet. Das Gebot 1♣ heißt also: ich verspreche, zusammen mit meinem Partner mindestens einen Stich mehr als das Buch, also sieben Stiche (6+1=7), zu gewinnen, wenn Treff Trumpf ist. Ein Gebot 3♥ würde demnach neun Stiche mit Coeur als Trumpffarbe, 6SA zwölf Stiche ohne Trumpffarbe bedeuten. Der Gedanke, der dieser zunächst etwas kompliziert erscheinenden Rechnung zugrundeliegt, ist, wie eben erwähnt, daß man sich mindestens zum Gewinn der Majorität der 13 möglichen Stiche, also zu sieben Stichen, verpflichten muß, wenn man aktiv an einer Reizung teilnehmen will.

Nun gibt es aber beim Bridge **zwei** Parteien. Neben Nord/Süd gibt es noch Ost/West, und das Reizen ist in der Tat wie eine Versteigerung, bei der verschiedene Interessenten bieten und einander überbieten, bis schließlich einer den Zuschlag erhält. Die vier Bridgespieler geben, beginnend mit dem Teiler, nacheinander Gebote ab. Sie überbieten die Gegner mit dem Ziel, das Recht zur Bestimmung der Denomination zu erhalten. Bei diesem Reizvorgang gibt es allerdings keinen Auktionator wie bei einer Versteigerung. Statt dessen sorgt ein genau festgelegtes System für den reibungslosen Ablauf einer Reizung.

Eröffnet wird die Auktion durch den Teiler. Er erhält als erster das Recht, eine Trumpffarbe oder Sans Atout vorzuschlagen. Möchte er seine Partei nicht zu mindestens sieben Stichen, der Minimal-Voraussetzung für eine Reizung, verpflichten, weil er vielleicht eine sehr schwache Hand hat, dann sagt er **"Passe"**. Mit dieser Ansage gibt er bekannt, daß er zum gegenwärtigen Zeitpunkt kein Gebot abgeben will (zu einem späteren Zeitpunkt kann er trotz seines vorhergegangenen "Passe" unter gewissen Voraussetzungen wieder in die Auktion eingreifen). Danach hat jeder der drei anderen Spieler, zuerst der links neben dem Teiler Sitzende und anschließend die beiden anderen Spieler, die Möglichkeit zu bieten oder zu passen. Hat beispielsweise Süd die Auktion eröffnet, reizt als nächster West, danach Nord, dann Ost, dann erneut Süd und so fort im Uhrzeigersinn, bis dreimal hintereinander gepaßt worden ist, d.h. bis drei Spieler unmittelbar nacheinander statt eines Gebots die Ansage Passe gemacht haben. Dadurch haben sie bekundet, daß sie mit dem letztgenannten Gebot einverstanden sind und kein weiteres eigenes Gebot abgeben möchten.

Wir haben bereits gesehen, daß die vier Farben einer Rangordnung unterliegen: Pik ist die ranghöchste Farbe, gefolgt von Coeur, Karo und schließlich Treff, der rangniedrigsten Farbe. Was passiert nun, wenn einer der Spieler 1♠ gereizt hat und der nächste Spieler 1♥ bieten möchte? Welches Gebot ist höher? Natürlich ist 1♠ höher. Pik liegt ja in der Rangordnung über Coeur. Da nun aber in einer Auktion - beim Bridge ebenso wie bei einer Versteigerung von Gemälden - nur ein **höheres** Gebot das vorherige Gebot außer Kraft setzen, überbieten kann, muß nach einer Anreizung von 1♠ der Spieler, der Coeur als Trumpffarbe nennen möchte, "mehr bezahlen". Er muß 2♥ reizen. Er muß auf die Zweier-"**Stufe**" (auch Zweier-"**Ebene**" genannt) gehen. Was bedeutet das? Wir erinnern uns: In einer Auktion werden jeweils sechs Stiche als Grundstock vorausgesetzt und der gebotenen Zahl hinzugerechnet. 2♥ heißt also: ich verpflichte mich, zusammen mit meinem Partner acht Stiche mit Coeur als Trumpffarbe zu gewinnen.

Auf der Einerstufe hätte er nach dem vorhergegangenen Gebot 1♠ nur noch 1SA reizen können, denn ein SA-Spiel rangiert höher als ein Farbspiel. 1SA geht also über 1♠, 2SA überbietet 2♠ und so weiter. Man kann sich die Reizung am besten als eine Folge von Stufen einer Treppe mit 1♣ als unterster und 7SA als oberster Stufe vorstellen. Will man nach oben, kann man von der zweiten Stufe nicht auf die erste Stufe zurückgehen, sondern muß eine höhere Stufe betreten.

7♣ 7♦ 7♥ 7♠ 7SA
6♣ 6♦ 6♥ 6♠ 6SA
5♣ 5♦ 5♥ 5♠ 5SA
4♣ 4♦ 4♥ 4♠ 4SA
3♣ 3♦ 3♥ 3♠ 3SA
2♣ 2♦ 2♥ 2♠ 2SA
1♣ 1♦ 1♥ 1♠ 1SA

Jedes Gebot schreitet auf der jeweiligen Stufe entsprechend der Rangordnung der einzelnen Gebote weiter. Kann ein gewünschtes Gebot nicht abgegeben werden, weil ein Gebot davor auf derselben Stufe ranghöher war, muß die nächste Stufe beschritten werden. Will Ost bespielsweise Karo als Trumpffarbe vorschlagen, nachdem Nord 2♠ geboten hat, kann er das nicht mehr auf der Zweierstufe tun. Er muß mindestens 3♦ reizen.
Natürlich kann man, wenn man will, auf einer Treppe mehrere Stufen mit einem großen Schritt auf einmal überwinden. Ebenso im Bridge: wenn Ost möchte, kann er beispielsweise nach einem 2♠-Gebot von Nord statt 3♦ sofort 4♦ oder 5♦ reizen. Nur bedeutet das eben, daß sich Ost statt zu neun nun zum Gewinn von zehn oder elf Stichen verpflichtet und daß das Risiko, das Spiel zu verlieren, größer wird.
Wenn drei Spieler nacheinander gepaßt haben, ist die Reizung beendet und die Trumpffarbe bzw. ein SA-Spiel steht fest. Das letzte Gebot hat die Auktion entschieden und auch den "Preis", die eingegangene Verpflichtung, festgelegt. 2♦ heißt: ich verpflichte mich, zusammen mit meinem Partner acht Stiche zu gewinnen mit Karo als Trumpffarbe. 3SA verpflichtet zu neun Stichen ohne Trumpffarbe, 4♥ verspricht zehn Stiche mit Coeur als Trumpf usw.
Gehen wir zurück zu unserem Beispiel, bei dem wir annahmen, daß Süd Teiler war und nur Nord und Süd gereizt haben, die Gegenpartei also gepaßt hatte. Wir hatten festgestellt, daß Süd und Nord Informationen ausgetauscht und sich schließlich auf Treff als Trumpffarbe geeinigt haben. Wie würde dieser Informationsaustausch nun in der für Bridge festgelegten Symbolsprache aussehen? Süd würde die Auktion mit 1♥ eröffnen, West paßt, Nord bietet 1♠ und Ost paßt. Nun ist Süd wieder an der Reihe und reizt 2♣. West paßt erneut, Nord geht auf 3♣, Ost paßt. Danach muß Süd etwas sagen. Süd ist einverstanden: Passe. West paßt ebenfalls. Jetzt ist die Auktion abgeschlossen. Nach dem Gebot 3♣ von Nord haben drei Spieler nacheinander gepaßt, der **"Kontrakt"** steht fest: 3♣. Nord/Süd haben sich zu neun Stichen mit Treff als Trumpffarbe verpflichtet. Süd hat die Trumpffarbe als erster genannt und wird **"Alleinspieler"**. Sein Partner Nord ist nun **"Dummy"**, eine Art Strohmann, der - wie wir später sehen werden - für die Dauer des folgenden Spiels nur noch sehr eingeschränkte Rechte besitzt. (Siehe auch "Das Spiel", Abschnitt 7).

In der Bridgespalte einer Zeitschrift oder einem Bridgebuch würde diese Reizung so dargestellt:

Süd	West	Nord	Ost
1♥	Passe	1♠	Passe
2♣	Passe	3♣	Passe
Passe	Passe		

Zusammenfassung:

1. In einer Reizung (Auktion) kann jeder Spieler ein Gebot (Farbe oder Sans Atout) abgeben oder eine Ansage (Passe, Kontra, Re-Kontra) machen.

2. In der Reizung wird festgelegt, ob das nächste Spiel ein Farbspiel ist und welche Farbe Trumpf ist oder ohne Trumpf (Sans Atout) gespielt wird.

3. In der Reizung wird darüber entschieden, welches Paar berechtigt ist, die Denomination (Trumpffarbe oder Sans Atout) zu bestimmen,und zu wie vielen Gewinnstichen sich dieses Paar verpflichtet hat.

4. Die Reizung beginnt mit dem Teiler. Anschließend reizen die anderen Spieler nacheinander im Uhrzeigersinn.

5. Nach einem abgegebenen Gebot muß das nachfolgende Gebot höher sein, entweder auf derselben Stufe in einer höheren Denomination oder auf einer höheren Stufe.

6. Das niedrigstmögliche Gebot ist die Verpflichtung, sieben Stiche in einem Spiel zu gewinnen.

7. Die ersten sechs Gewinnstiche in einem Spiel (das Buch) werden in einer Auktion nicht erwähnt, so daß z.B. die Verpflichtung,sieben Stiche in einer Farbe gewinnen zu wollen, durch 1♣, 1♦, 1♥ oder 1♠ bzw. sieben Stiche ohne Trumpf durch 1SA ausgedrückt wird.

8. Will ein Spieler kein Gebot abgeben, so zeigt er das durch die Ansage Passe.

9. Eine Reizung ist abgeschlossen und der Endkontrakt festgelegt, wenn nach einem Gebot dreimal unmittelbar nacheinander gepaßt worden ist.

10. Jeder Spieler darf nach einmaligem oder wiederholtem Passen erneut in die Reizung eingreifen, sofern nach einem Gebot nicht dreimal unmittelbar nacheinander gepaßt worden ist.

Quiz 2

1. Welcher Spieler darf als erster reizen?

2. Wann ist eine Reizung beendet?

3. Ihr Partner eröffnet die Reizung mit 1 ♦, Ihr rechter Gegner paßt. Sie möchten Ihrem Partner mitteilen, daß Ihnen Pik angenehmer ist als Karo . Wie lautet Ihr Gebot?

4. Ihr Partner eröffnet die Reizung mit 1 ♠, Ihr rechter Gegner paßt. Sie möchten Ihrem Partner mitteilen, daß Ihnen Coeur angenehmer ist als Pik. Wie lautet Ihr Gebot?

5. Wie lautet das niedrigste Gebot? Wie viele Stiche muß man gewinnen, um diesen Kontrakt zu erfüllen?

6. Wie lautet das höchste Gebot? Wie viele Stiche muß man gewinnen, um diesen Kontrakt zu erfüllen?

7. Wie viele Stiche müssen Sie gewinnen, um folgende Kontrakte zu erfüllen:

   a) 2♦ b) 6♠ c) 3SA d) 4♥

8. Wie viele Stiche mindestens müssen die Gegner gewinnen, um die Erfüllung folgender Kontrakte zu verhindern:

   a) 3SA b) 1♥ c) 4♠ d) 5♦

6. Die Blattbewertung

Figurenpunkte

Um festzustellen, ob eine Hand stark genug ist, die Reizung zu eröffnen, und um abzuschätzen, wie viele Gewinnstiche die eigene Hand und die des Partners ermöglichen, sind Stärkebestimmung der eigenen Hand und Informationsaustausch mit dem Partner über die gemeinsame Stärke erforderlich. Schließlich verpflichtet man mit einem Gebot nicht nur sich selbst, sondern auch seinen Partner zu einer bestimmten Anzahl von Stichen. Da die meisten Stiche mit den hohen Karten einer Farbe gewonnen werden, mit Assen, Königen, Damen oder Buben, hat man diese vier höchsten Karten, die **"Figuren"**, für die Bestimmung der Stärke eines Blattes mit Punkten bewertet:

As	4 Punkte
König	3 Punkte
Dame	2 Punkte
Bube	1 Punkt

Zusammen ergeben die vier Figuren einer Farbe also 10 **"Figurenpunkte (FP)"**, und da es vier Farben gibt, sind insgesamt 40 Punkte im Spiel.

Kehren wir noch einmal zu den beiden oben dargestellten Händen zurück:

Süd	Nord
♠ 75	♠ A9864
♥ AK983	♥ 7
♦ 82	♦ D73
♣ ADB4	♣ K986

Süds Blatt enthält 14 FP (7 in Coeur und 7 in Treff). Nord verfügt über 9 FP (4 in Pik, 2 in Karo und 3 in Treff). Süds Hand ist also stärker als die seines Partners Nord.Gemeinsam halten Nord/Süd 23 FP. Sie sind also stärker als ihre beiden Gegner West und Ost mit zusammen nur 17 FP.

Längenpunkte

Während bei SA-Spielen ausschließlich Figurenpunkte für die Bewertung der Stärke einer Hand zugrundegelegt werden können, ist bei Farbspielen nicht nur Figurenstärke wichtig, wie folgende Beispiele zeigen werden:

♠ AKD7	♠ AKD95	♠ AKD8753
♥ 853	♥ 853	♥ 9854
♦ A94	♦ A94	♦ A3
♣ 754	♣ 76	♣ -

Jede Hand enthält 13 FP. Dennoch sind diese Hände, wie unschwer zu erkennen ist, von sehr unterschiedlicher Stärke. Natürlich ist die dritte Hand die stärkste. Infolge der Länge in einer Farbe können, wenn diese Farbe Trumpf ist, mit der dritten Hand normalerweise mehr Stiche gewonnen werden als mit den beiden anderen Händen. Wird beispielsweise Pik Trumpffarbe, können zusätzlich zu den Stichen durch Trumpf-As, -König und -Dame mit den kleinen Pikkarten in der dritten Hand durch Trumpfen der Farben Treff und Karo weitere Stiche gewonnen werden. Im Vergleich dazu ist die zweite Hand schwächer und die erste die schwächste, denn die längste Farbe ist kürzer, und in allen anderen Farben muß bedient werden.
Die Gesamtstärke einer Hand ist also eine Kombination von Figurenstärke und der Stärke, die sich aus der Länge einer Farbe ergibt. Um die Gesamtstärke einer Hand festzustellen, addiert man zu den eben erwähnten Figurenpunkten weitere Punkte für die Länge einer Farbe: die "**Längenpunkte (LP)**". Diese Längenpunkte werden nach folgendem Schema berechnet:

für 5er Farben	1 Punkt
für 6er Farben	2 Punkte
für 7er Farben	3 Punkte
für 8er Farben	4 Punkte

Die erste der drei oben gezeigten Hände kann demnach keinen zusätzlichen Punkt erhalten. Die zweite Hand hat durch die 5er Länge in Pik eine Gesamtstärke von 14 Punkten. Durch 3 zusätzliche Längenpunkte ist die dritte Hand mit 16 Punkten bei weitem die stärkste Hand.

Dummypunkte

Wie der Name sagt, berechnet man (zusätzlich zu den Figurenpunkten) **"Dummypunkte (DP)"**, wenn man in einem Farbspiel damit rechnen kann, Dummy zu werden. Das geschieht dann, wenn der Partner eine Farbe genannt hat, die man unterstützen kann, wenn also ein Farbfit gefunden wurde und der Partner Alleinspieler wird. Etwa errechnete Längenpunkte werden dann durch Dummypunkte ersetzt. Allerdings empfiehlt es sich, Dummypunkte nur bei einem Oberfarben-Fit hinzuzuzählen.

♠ -	♠ 9	♠ 84
♥ D972	♥ D972	♥ D972
♦ D653	♦ D65	♦ D6
♣ A10842	♣ A10842	♣ A10842

Nehmen wir an, Sie halten diese Hände und Ihr Partner hat jedesmal 1♠ eröffnet. Sie werden nicht gerade jubilieren, denn mit keiner Hand sehen Sie einen Fit in der Farbe des Partners. In der ersten Hand haben Sie überhaupt kein Pik, in der zweiten Hand nur eine Karte, in der dritten Hand nur zwei Karten der Partnerfarbe.
Hat Ihr Partner aber 1♥ eröffnet, werden Sie erheblich zufriedener sein, denn Sie können seine Farbe unterstützen und darüber hinaus mögliche Pikstiche der Gegner dadurch verhindern, daß Sie trumpfen. Mit der ersten Hand können Sie bereits beim ersten Anspiel von Pik stechen. Mit der zweiten Hand müssen Sie Pik einmal bedienen, können aber dann trumpfen. Mit der dritten Hand können Sie Pik erst trumpfen, wenn es zum dritten Mal gespielt wird. Als wahrscheinlicher Dummy, wenn Ihr Partner 1♥ eröffnet hat, finden Sie zwar mit jedem dieser drei Blätter einen Fit in der Farbe Ihres Partners. Mit dem ersten Blatt aber können Sie die Hand Ihres Partners weitaus besser unterstützen als mit der zweiten oder dritten Hand.
Wenn man die Farbe des Partners unterstützen kann, d.h. wenn ein Fit gefunden wurde, sollte die eigene Hand statt durch Längenpunkte durch folgende Dummypunkte aufgewertet werden:

für ein **Chicane** (blanke Farbe, Farbe ohne eine Karte)	5 Punkte
für ein **Singleton** (Farbe mit nur einer Karte)	3 Punkte
für ein **Doubleton** (Farbe mit nur zwei Karten)	1 Punkt

Sehen wir uns noch einmal die oben dargestellten Hände an. Wenn Ihr Partner 1♥ eröffnet hat, zählen Sie zu Ihren 8 Figurenpunkten in der ersten Hand 5 weitere Punkte für das Chicane hinzu. Als Dummy haben Sie also 13 Punkte. Mit der zweiten Hand sind Sie als Dummy 11 Punkte, mit der dritten 9 Punkte stark. Hätte Ihr Partner jedoch 1♠ eröffnet, könnten Sie seine Farbe nicht unterstützen und demzufolge Ihre Hand auch nicht durch Dummypunkte aufwerten. In diesem Fall wären dieselben Blätter nur 9 Punkte wert, 8 Figurenpunkte + 1 Punkt für eine 5er Farbe.

Vergessen Sie bitte nicht: Die gerade erwähnten Bewertungspunkte (Figurenpunkte, Längenpunkte und Dummypunkte) haben mit den Punkten für ein gewonnenes oder verlorenes Spiel, von denen später die Rede sein wird, nichts zu tun. Sie dienen ausschließlich als Berechnungsgrundlage für die Stärke der eigenen Hand.

7. Das Spiel

Gehen wir davon aus, die Reizung ist beendet. Eine Partei, in unserem Beispiel Nord/Süd, hat die Auktion gewonnen, sie hat den Endkontrakt erreizt. Aber nur einer der beiden Partner führt das Spiel durch: derjenige, der die im Endkontrakt festgelegte Denomination als erster genannt hat. Er hat die Trumpffarbe bzw. den Sans Atout "erfunden". Er ist der **"Alleinspieler"** und spielt mit seinen Karten und - wie wir gleich sehen werden - auch mit den Karten seines Partners. Der Alleinspieler ist also Herr über 26 Karten. Sein Partner, der **"Dummy"**, darf während dieses Spieles nicht mehr in das Geschehen eingreifen. Er ist eine Art stummer Diener des Alleinspielers und hat keinen Einfluß auf das Spiel selbst.
Nord hatte zwar in unserem Beispiel als letzter ein Gebot abgegeben und den Kontrakt ersteigert, er hatte zuletzt 3♣ geboten, aber die Farbe Treff als erster genannt hatte sein Partner Süd. Er hatte 2♣ gereizt. Süd ist also Alleinspieler, Nord ist Dummy.
Der links vom Alleinspieler sitzende Gegner, in unserem Fall also West, **spielt** zum ersten Stich **aus** (er **spielt an**, er **greift an**), d.h. er legt eine Karte seiner Wahl offen vor sich auf den Tisch. Sobald das Ausspiel erfolgt ist, legt dessen linker Nachbar, der Partner des Alleinspielers

(der Dummy), sein ganzes Blatt, alle seine 13 Karten, nach Farben in Senkrechten geordnet, vor sich auf den Tisch. Um seinem Partner den Überblick zu erleichtern, ordnet er sie halb übereinander, mit den höchsten Karten einer Farbe (aus Sicht des Alleinspielers) oben. Falls es eine Trumpffarbe gibt, legt er diese in die (vom Alleinspieler aus gesehen) äußerste linke Reihe.

Von nun an hat der Dummy in diesem Spiel nicht mehr zu tun, als jeweils die Karte aus seinem Blatt in die Mitte des Tisches vorzuziehen, die sein Partner zu jedem einzelnen Stich verlangt. Als einziger kann der Alleinspieler jetzt mit 26 Karten spielen. Die Gegner spielen jeweils nur ihr eigenes Blatt, können aber natürlich ebenso wie der Alleinspieler die offenliegende Hand des Dummy einsehen.

Nach dem Ausspiel von West spielt der Alleinspieler eine Karte des Dummy (er spielt vom "**Tisch**"), indem er seinem Partner die entsprechende Anweisung gibt und dieser die gewünschte Karte legt. Danach ist der andere Gegner, Ost, an der Reihe, und schließlich zieht der Alleinspieler Süd eine Karte aus seiner eigenen Hand. Der erste Stich ist gespielt. Der Gewinner des ersten Stiches spielt anschließend, wie wir wissen, zum zweiten Stich aus. Reihum legt jeder im Uhrzeigersinn je eine Karte, wobei der Dummy immer nur die Befehle seines Partners ausführt, bis am Ende von allen Seiten jeweils 13 Karten gespielt sind und über den Gewinn auch des 13. Stiches entschieden worden ist.

Lassen Sie uns erneut zu unserem Beispiel, bei dem Nord und Süd einen Kontrakt ersteigert hatten, zurückkehren und nun deren Spiel betrachten. Nord/Süd hatten 3♣ gereizt und sich dadurch zum Gewinn von neun Stichen mit Treff als Trumpffarbe verpflichtet. Um ein ganzes Spiel, also 13 Stiche, durchzuspielen, müssen wir uns jetzt auch die Hände der Gegner, die Blätter von Ost und West, ansehen. Sie erinnern sich: Ost und West hatten in der Auktion immer gepaßt. Nehmen wir an, die Hände sind folgendermaßen verteilt:

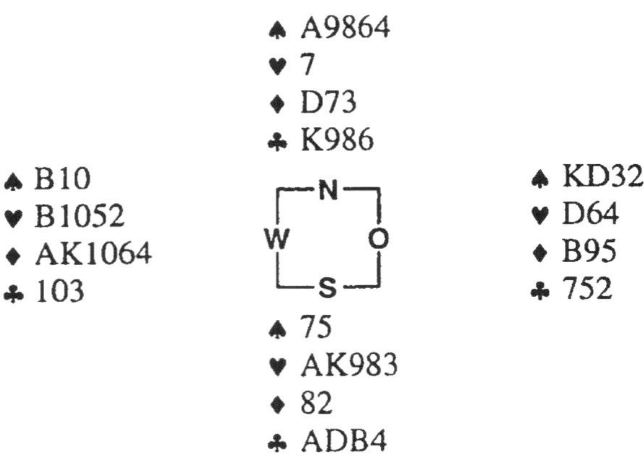

Treff war zuerst von Süd genannt worden. Süd ist also Alleinspieler, sein Partner Nord ist Dummy. Der links vom Alleinspieler Sitzende, in unserem Fall West, greift an, d.h. er darf zum ersten Stich ausspielen. West entschließt sich zu der in der Auktion nicht genannten Farbe Karo, zumal er davon auch die beiden höchsten Karten As und König besitzt, und greift mit ♦A an.

Nun legt Nord als Dummy alle seine 13 Karten, nach Farben in Senkrechten geordnet, offen vor sich auf den Tisch, jeweils mit der höchsten Karte einer Farbe (vom Alleinspieler aus gesehen) oben. Die Trumpffare Treff legt er in die aus Sicht des Alleinspielers äußerste linke Reihe.

Da der Alleinspieler nun für beide Hände verantwortlich ist, für seine eigene Hand und für die des Dummy, muß er sich zunächst, bevor er auf das Ausspiel seines Gegners aktiv reagiert, seine Hand und die des Dummy sehr genau ansehen. Der Alleinspieler weiß, wie viele Stiche er zu gewinnen hat, um den gereizten Kontrakt zu erfüllen. In einer Art Bestandsaufnahme stellt er zuerst fest, wie viele Stiche er im Zusammenwirken der Karten des Dummy und seiner eigenen Hand mit Sicherheit gewinnen wird. Falls seine sicheren Stiche zur Erfüllung des Kontrakts nicht ausreichen - und das wird oft der Fall sein -, muß er sich anschließend überlegen, wie er durch geschicktes Spielen zusätzliche Stiche gewinnen kann. In anderen Worten: der Alleinspieler muß einen **Spielplan** machen.

3♣ lautet der Endkontrakt. Süd muß also mindestens neun Stiche gewinnen. Er zählt sieben sichere Gewinner: vier Trumpfstiche mit ♣A,

♣K, ♣D und ♣B, einen Stich durch ♠A und zwei Coeur-Stiche mit ♥A und ♥K. Um den Kontrakt zu erfüllen, benötigt er zwei weitere Stiche. Eine Chance sieht er in Karo, nachdem die Gegner mit ♦A und ♦K ihre Stiche gemacht haben und dann seine ♦D "hoch" geworden ist. Eine weitere Möglichkeit für einen zusätzlichen Stich bietet sich in Coeur. Im Dummy (Nord) könnte er vielleicht einen Coeur-Gewinner der Gegner mit einem kleinen Treff stechen, da er im Dummy in Coeur nur ein Singleton besitzt.
Erst nach diesen Überlegungen, nach Erstellung seines Spielplans, beginnt der Alleinspieler mit dem Spiel. Es kann nicht häufig genug wiederholt werden: Nach Ausspiel der ersten Karte durch den Gegner ist eine ausreichend lange Überlegungszeit des Alleinspielers unbedingte Voraussetzung für erfolgreiches Spielen. Danach erst weist der Alleinspieler den Dummy an, welche Karte dieser zum ersten Stich vom Tisch spielen soll. Während des gesamten Spiels spielt der Alleinspieler dann seine eigenen Karten aus der Hand und bestimmt, welche Karten auf seine Anweisung vom Dummy gespielt werden. Spielen wir dieses Spiel einmal durch - und wenn Sie mögen, können Sie jetzt ein Paket Karten entsprechend unserem Diagramm auf die vier Seiten Ihres Tisches verteilen und die einzelnen Stiche nachvollziehen:

1. Stich: West greift mit ♦A an. Nord bedient mit ♦3, Ost mit ♦5 und Süd mit ♦2.

2. Stich: West setzt zum zweiten Stich mit ♦K fort. Wieder bekennen alle Farbe: Nord ♦7, Ost ♦9, Süd ♦8.

3. Stich: West sieht natürlich beim Dummy, daß jetzt dessen ♦D hochgeworden ist. Er hat jedoch die gespielten Karo-Karten gezählt: Die ersten beiden Stiche mit je vier Karo-Karten, die ♦D beim Dummy sowie ♦10, ♦6 und ♦4 in seiner Hand ergeben zwölf Karten in dieser Farbe. Die letzte Karo-Karte, der ♦B,muß entweder bei Süd stehen oder bei seinem Partner Ost. Hat Süd den noch ausstehenden ♦B, würde sein Partner Ost den nächsten Karo-Stich trumpfen können.West spielt deshalb zum dritten Stich ♦4 aus. Nord übernimmt mit ♦D. West hat kein Glück:♦B steht bei seinem Partner Ost. Der Alleinspieler hat also kein Karo mehr und kann nun aus der Hand eine Karte abwerfen, da er ja im Dummy diesen

Stich gewonnen hat. Er wirft ♠5 ab. Wie in seinem Spielplan vorgesehen, hat der Alleinspieler mit der ♦D seines Dummy einen zusätzlichen Stich gewonnen.

4. Stich: Jetzt kann erstmals der Alleinspieler (vom Dummy aus) spielen. Bevor er seine sicheren Stiche in Pik und Coeur macht, muß er selbstverständlich die Trümpfe der Gegner ziehen. Er beginnt mit ♣6 vom Dummy. Ost legt ♣ 2, aus der Hand spielt Süd den ♣ B, West folgt mit♣3.

5. Stich: Süd spielt weiter Trumpf: ♣ D. West bedient mit ♣10, Nord legt ♣ 8, Ost ♣5.

6. Stich: Ost/West halten nun nur noch einen Trumpf. Auch den kassiert der Alleinspieler.Diesmal spielt er von der Hand zum Dummy: Er spielt ♣ 4 aus. West hat keinen Trumpf mehr und wirft eine Karte ab, mit der er nichts mehr gewinnen kann. Er legt ♦6. Dummy übernimmt mit ♣K, Ost bedient mit seinem letzten Trumpf ♣7.

7. Stich: Die Gegner haben keinen Trumpf mehr. Nun kann der Alleinspieler ungestört seine Gewinner abspielen. Beim vorausgegangenen Stich hat er zum Dummy gespielt, um von dort fortzusetzen. Auf Nords ♠ A folgen ♠2, ♠7 und ♠10.

8. Stich: Vom Dummy spielt der Alleinspieler jetzt ♠ 4 aus. Ost übernimmt mit ♠ D. Süd aber hat (nach Abwurf beim 3.Stich und Bedienen beim 7. Stich) nun keine Pik mehr und kann den von Ost übernommenen Pik-Stich trumpfen:♣A. West bedient ♠B.

9. Stich: Aus der Hand spielt unser Alleinspieler nun ♥A, worauf mit ♥2, ♥ 7 und ♥ 4 bedient wird.

10.Stich: Süd setzt mit ♥K fort. West bedient mit ♥ 5, Dummy (Nord) hat kein Coeur mehr und wirft ♠6 ab, Ost folgt mit ♥6.

11.Stich: Süd spielt weiter Coeur ♥3. West übernimmt mit ♥10. Nun kann der Dummy seinen letzten Trumpf einsetzen und dadurch einen zusätzlichen Stich gewinnen: ♣9. Ost bedient mit seinem letzten Coeur: ♥D.

12.Stich: Nord hat nur noch Pik und spielt ♠8 aus. Ost übernimmt mit ♠ K. Süd legt ♥ 8, West ♦ 10.

13.Stich: Ost spielt seine letzte Karte, ♠ 3, aus. Süd legt ♥9, West ♥B, und Dummy gewinnt den letzten Stich mit ♠9.

Neun Stiche mußte der Alleinspieler gewinnen, um seinen 3♣-Kontrakt zu erfüllen. Zehn Stiche hat er gewonnen: die Stiche drei bis elf und den letzten Stich. Wie geplant, hat er außer den Stichen mit Trumpf A, K, D und B sowie drei weiteren Stichen mit ♠A, ♥A und ♥ K zwei zusätzliche Stiche durch seine ♦D im Dummy und durch Trumpfen mit ♣ 9 im Dummy gewinnen können. Durch den Gewinn auch noch des letzten Stiches hat er sein Soll sogar übererfüllt.

8. Das Ergebnis des Spiels

Haben nun alle Spieler ihre 13. Karte gelegt, ist also der 13. Stich gespielt worden, vergleichen beide Parteien die Anzahl der von ihnen gewonnenen Stiche, indem sie die senkrecht bzw. waagerecht abgelegten Karten zählen. Nach Übereinstimmung wird dann das Ergebnis des gespielten Kontrakts berechnet. Für die Berechnung wird eins von drei möglichen Resultaten des gespielten Kontrakts zugrundegelegt:

1) Der Kontrakt ist genau "**erfüllt**" worden, d. h. die Anzahl der gewonnenen Stiche stimmt mit der Anzahl der angesagten, gereizten Stiche genau überein. War beispielsweise 3♣ das letzte Gebot von Nord/Süd und haben sie neun Stiche gewonnen, wurde der Kontrakt von Nord/Süd genau erfüllt.

2) Der Kontrakt wurde übererfüllt, es wurden "**Überstiche**", d.h. mehr Stiche als in der Reizung angesagt, erzielt. Haben z.B. Nord/Süd 3♣ gereizt und - wie in unserem Beispiel - zehn Stiche gewonnen, so haben sie einen Überstich erzielt.

3) Der Kontrakt wurde nicht erfüllt. Es wurden also weniger Stiche gewonnen als in der Auktion angesagt. Wenn also beispielsweise Nord/Süd 3♣ gereizt, aber nur sieben Stiche gewonnen hätten, wäre der Kontrakt nicht erfüllt worden. Nord/Süd hätten zwei "**Faller**" ("**Unterstiche**") gemacht.

Ausgedrückt werden Ergebnisse durch "**Wertungspunkte**". Diese Wertungspunkte setzen sich zusammen aus "**Stichwertpunkten**" und "**Prämien**".

Stichwertpunkte werden folgendermaßen errechnet:

Wenn der Alleinspieler einen Kontrakt erfüllt hat, erhält seine Partei für jeden erzielten Stich über dem "Buch", d. h. ab dem siebten Gewinnstich, folgende Punkte:

in einem Unterfarbenspiel (Treff oder Karo) 20 Punkte

in einem Oberfarbenspiel (Coeur oder Pik) 30 Punkte

in einem Sans Atout-Spiel
für den siebten Stich 40 Punkte
für den achten und jeden weiteren Stich 30 Punkte.

Zusätzlich gibt es für erfüllte Kontrakte **Prämien**:

Für die Berechnung einer Prämie ist es wichtig zu wissen, ob sich die Partei des Alleinspielers in der "**Gefahrenzone**" befindet oder nicht. Wieder ein neues "Fremdwort", werden Sie vermuten. Aber so kompliziert ist das nicht. Wann Sie "in Gefahr" sind und wann nicht, soll Sie zunächst nicht interessieren. Darüber werden Sie später alles Nötige erfahren. Lernen Sie zunächst nur: Die Partei, die sich in der Gefahrenzone befindet, die also "in Gefahr" ist, erhält erheblich höhere Prämien als das Paar, das "nicht in Gefahr" ist.

Folgende Prämien werden zusätzlich zu den Stichwertpunkten angeschrieben:

Für jeden erfüllten Kontrakt mit
weniger als 100 Stichwertpunkten
(diesen Kontrakt nennt man "**Teilkontrakt**") 50 Punkte

Für einen erfüllten Kontrakt mit
100 oder mehr Stichwertpunkten
(diesen Kontrakt nennt man "**Vollspiel**")
nicht in Gefahr 300 Punkte
in Gefahr 500 Punkte

Für einen erfüllten Kontrakt mit
12 gewonnenen Stichen
(diesen Kontrakt nennt man "**Klein-Schlemm**")

nicht in Gefahr	500 Punkte
in Gefahr	750 Punkte

Für einen erfüllten Kontrakt mit
13 gewonnenen Stichen
(diesen Kontrakt nennt man "**Groß-Schlemm**")

nicht in Gefahr	1000 Punkte
in Gefahr	1500 Punkte

Hat der Alleinspieler einen Kontrakt nicht erfüllt, hat er also einen oder mehrere Faller gemacht, werden ihm keine Stichwertpunkte gutgeschrieben, und er erhält natürlich auch keine Prämie. Im Gegenteil: Er wird für Faller dadurch bestraft, daß seinen Gegnern Punkte gutgeschrieben werden.

Für jeden Faller erhalten die Gegner

nicht in Gefahr	50 Punkte
in Gefahr	100 Punkte

Kehren wir zu unserem Beispiel zurück: Nord/Süd haben 3♣ gereizt. Hätten sie mit Treff als Trumpf neun Stiche gewonnen, so wäre der Kontrakt erfüllt und ihnen würden insgesamt 110 Punkte gutgeschrieben (3 x 20 Stichwertpunkte = 60 + 50 Prämienpunkte für den Teilkontrakt).
Nun haben sie aber 3♣ gereizt und zehn Stiche gewonnen. Sie haben einen Überstich erzielt. Ihre Gutschrift beträgt 130 Punkte (4 x 20 = 80 + 50).
Wäre nach 3♣-Reizung jedoch der Kontrakt von ihnen nicht erfüllt worden, hätten sie beispielsweise statt der erforderlichen neun Stiche nur sieben Stiche gewonnen, so erhielten Nord/Süd keine Gutschrift. Dem Ost/West-Paar aber würden für die zwei Faller ihrer Gegner (nicht in Gefahr) 100 Punkte gutgeschrieben.
Nehmen wir ein anderes Beispiel: Nord/Süd haben (nicht in Gefahr) 4♥ gereizt, zehn Stiche mit Coeur als Trumpffarbe gewonnen und den Kontrakt somit genau erfüllt. Ihnen werden jetzt 420 Punkte gutge-

schrieben: 120 Stichwertpunkte (4 x 30) + eine Prämie von 300 Punkten für das Vollspiel (100 oder mehr Stichwertpunkte).
Hätten sie nach 4♥ - Reizung elf Stiche gewonnen, wäre die Gutschrift 450 Punkte (5 x 30 = 150 + 300).
Wäre nach 4♥– Reizung der Kontrakt von ihnen jedoch nicht erfüllt worden, hätten sie z.B statt der erforderlichen zehn Stiche nur neun Stiche gewonnen, würden Nord/Süd leer ausgehen, Ost/West jedoch (nicht in Gefahr) 50 Punkte für den einen Faller ihrer Gegner erhalten.

Nehmen wir nun an, Nord/Süd haben 3♥ gereizt, aber statt der erforderlichen neun Stiche zehn Stiche gewonnen. Jetzt haben sie zwar mehr als 100 Punkte für den Stichwert erreicht, nämlich 4 x 30 = 120 Punkte. Als Prämie erhalten sie jedoch nicht etwa 300 Punkte, sondern nur 50 Punkte. Nord/Süd haben zwar zehn Stiche gewonnen, aber das Risiko, diese auch in der Auktion durch ein Vollspiel-Gebot (4♥) zu garantieren, sind sie nicht eingegangen. Für den gereizten Teilkontrakt wird ihnen nur die Teilkontrakt-Prämie von 50 Punkten gutgeschrieben. Insgesamt erhalten sie also 170 Punkte (4 x 30 = 120 + 50).
Wegen der hohen Prämie für ein Vollspiel (300 bzw. 500 Punkte) ist man natürlich bemüht, nicht nur ein "billiges" Spiel, einen Teilkontrakt (z.B. 1♣, 2♠, 2SA oder 3♥), sondern ein Vollspiel zu reizen und zu gewinnen. Wir haben bereits erwähnt, daß es sich bei einem Kontrakt immer dann um ein Vollspiel handelt, wenn die Stichwertpunkte 100 ergeben oder überschreiten. Diese "magische" Zahl wird erreicht, wenn man mindestens 3SA (40 + 30 + 30 Punkte) oder 4 in einer Oberfarbe, also 4♥ bzw. 4♠ (4 x 30 Punkte), oder 5 in einer Unterfarbe, also 5♣ bzw. 5♦ (5 x 20 Punkte), gereizt und den gereizten Kontrakt auch erfüllt hat. Oder anders ausgedrückt: Um die Vollspielprämie zu erhalten, muß der Alleinspieler mindestens neun Stiche ohne Trumpf (3SA-Reizung) oder zehn Stiche in einem Oberfarbenspiel (4♥- bzw. 4♠-Reizung) oder elf Stiche in einem Unterfarbenspiel (5♣- bzw. 5♦-Reizung) gewinnen.

Zusammenfassung:

1. Vor Abgabe eines Gebots ist es erforderlich, die Stärke der eigenen Hand zu bewerten. Für die Bewertung legt man Figurenpunkte (FP) und (nur bei Farbspielen) auch Längenpunkte (LP) zugrunde.

2. Berechnung der Figurenpunkte:

As	4 FP
König	3 FP
Dame	2 FP
Bube	1 FP

3. Berechnung der Längenpunkte:

5er Farbe	1 LP
6er Farbe	2 LP
7er Farbe	3 LP
8er Farbe	4 LP

4. Kann man die vom Partner genannte Farbe unterstützen, werden für die Bewertung der eigenen Blattstärke zusätzlich zu den Figurenpunkten statt der Längenpunkte Dummypunkte (DP) zugrundegelegt.

5. Berechnung der Dummypunkte:

Chicane	5 DP
Singleton	3 DP
Doubleton	1 DP

6. Die Partei, die in einer Auktion das höchste Gebot abgegeben hat, hat durch ihr letztes Gebot den Endkontrakt eines Spieles festgelegt.

7. Der Spieler,der die Denomination des Endkontrakts als erster genannt hat, wird Alleinspieler. Sein Partner wird Dummy.

8. Der links vom Alleinspieler Sitzende spielt zum ersten Stich aus.

9. Anschließend legt der Dummy seine Karten offen auf den Tisch.

10. Bevor der Alleinspieler zu spielen beginnt, macht er einen Spielplan.

11. Der Alleinspieler spielt mit seinen eigenen Karten und den Karten des Dummy. Der Dummy führt nur noch Anordnungen seines Partners aus.

12. Der Alleinspieler versucht, mindestens die durch seine Partei in der Auktion garantierte Anzahl von Stichen zu gewinnen.

13. Die Gegner versuchen, das zu verhindern.

14. Das Ergebnis eines Spieles wird durch Wertungspunkte ausgedrückt.

15. Wertungspunkte sind die Summe von Stichwertpunkten und Prämienpunkten.

16. Stichwertpunkte für erfüllte Kontrakte:

Unterfarben-Kontrakt:	20 Stichwertpunkte	ab 7. Gewinnstich
Oberfarben-Kontrakt:	30 Stichwertpunkte	ab 7. Gewinnstich
SA-Kontrakt:	40 Stichwertpunkte	für 7. Gewinnstich
	30 Stichwertpunkte	ab 8. Gewinnstich

17. Prämien für erfüllte Kontrakte:

Teilkontrakt (weniger als 100 Stichwertpunkte)		50 Punkte
Vollspiel (100 oder mehr Stichwertpunkte)		
	nicht in Gefahr	300 Punkte
	in Gefahr	500 Punkte
Klein-Schlemm	nicht in Gefahr	500 Punkte
	in Gefahr	750 Punkte
Groß-Schlemm	nicht in Gefahr	1000 Punkte
	in Gefahr	1500 Punkte

18. Bei Nicht-Erfüllung eines Kontrakts werden der Gegenpartei 50 Punkte (in Gefahr 100 Punkte) für jeden Faller gutgeschrieben.

Quiz 3

1. Wie kann man die Stärke der eigenen Hand feststellen?

2. Wer wird Alleinspieler?

3. Wer wird Dummy?

4. Wer spielt zum ersten Stich aus?

5. Wie wird das Ergebnis eines Spiels berechnet?

5. Wie wird das Ergebnis eines Spiels berechnet?

6. Wie hoch ist die Prämie für:
a) einen Teilkontrakt b) ein Vollspiel
c) einen Klein-Schlemm d) einen Groß-Schlemm

7. Wie viele Punkte erhalten Ihre Gegner, wenn Sie einen Kontrakt nicht erfüllen?

8. Wie viele Punkte werden Ihnen gutgeschrieben, wenn Sie folgende Kontrakte gereizt und genau erfüllt haben:
a) 4♠ b) 2 ♥ c) 3SA d) 1♣

9. Wie viele Punkte werden Ihnen gutgeschrieben, wenn Sie die unter 8. aufgeführten Kontrakte gereizt und folgende Anzahl von Stichen gewonnen haben:
a) Elf Stiche b) Zehn Stiche c) Zehn Stiche
d) Neun Stiche

10. Wie viele Stiche müssen Sie in folgenden Denominationen gewinnen, um eine Vollspiel-Prämie zu erhalten:
a) Coeur b) Sans Atout c) Karo d) Pik

11. Wie viele Stiche müssen Sie durch Ihr Gebot garantieren und gewinnen, um die Prämie zu erhalten für:
a) einen Klein-Schlemm b) einen Groß-Schlemm

B. DIE REIZUNG

1. Das Eröffnungsgebot

Wie bereits erwähnt, hat als erster der Teiler das Recht, ein Gebot abzugeben. Bietet er nicht, paßt er also, geht das Recht auf den links von ihm sitzenden Gegner über. Paßt auch dieser, darf der nächste Spieler das erste Gebot abgeben. Falls auch dieser nichts bietet, ist der vierte Spieler an der Reihe. In dem seltenen Fall, daß keiner der vier Spieler ein Gebot abgegeben hat, daß also viermal hintereinander gepaßt worden ist, werden alle 52 Karten erneut gemischt und ausgeteilt (in einem Bridgeclub würde in dem Fall das nächste Board verwendet).

Das erste Gebot in einer Auktion wird **"Eröffnungsgebot"** genannt. Um für ein Eröffnungsgebot stark genug zu sein, benötigt man gewöhnlich eine Hand, die etwas stärker ist als der Durchschnitt. Da es in den vier Händen insgesamt 40 Figurenpunkte gibt, würde der Durchschnittswert einer Hand 10 Punkte betragen. Die meisten Spieler stimmen darin überein, daß 12-13 Figurenpunkte die Minimal-Voraussetzung für ein Eröffnungsgebot sind. Mit mindestens 12 Figurenpunkten besitzt man **"Eröffnungsstärke"**. Mit weniger Punkten hat der Teiler eine schwache Hand und sollte normalerweise zunächst passen.

Nachdem der Eröffner die Punktstärke seiner Hand ermittelt hat - Sie erinnern sich: 4 Punkte für ein As, 3 Punkte für einen König etc. -, sollte er nicht sofort ein Gebot abgeben, sondern zunächst feststellen, ob seine Hand **ausgeglichen** verteilt oder **unausgeglichen** ist, d.h. ob er beispielsweise in jeder der vier Farben zwei oder drei Karten und vielleicht in ein oder zwei Farben vier Karten besitzt oder ob er in einer Farbe fünf, sechs oder noch mehr Karten hält, in einer anderen dagegen nur eine oder überhaupt keine Karte. Wie wir bereits gesehen haben, ist eine unausgeglichene Hand für Farbspiele geeigneter als ein ausgeglichen verteiltes Blatt. Man berücksichtigt ja deshalb bei der Ermittlung der Blattstärke neben Figurenpunkten für längere Farben auch Längenpunkte.
Natürlich werden Sie jetzt fragen: Wann ist eine Hand ausgeglichen und wann unausgeglichen?

Ausgeglichen ist ein Blatt, wenn es folgendermaßen verteilt ist:

4-3-3-3 :	eine Farbe mit vier Karten und drei Farben mit je drei Karten; man spricht von einer 4er und drei 3er Farben
oder	
4-4-3-2 :	zwei 4er und eine 3er Farbe sowie ein Doubleton (eine 2er Farbe)
oder	
5-3-3-2 :	eine 5er und zwei 3er Farben sowie ein Doubleton

Oder anders ausgedrückt: Ausgeglichene Hände haben keine blanke Farbe (keine Farbe ohne eine Karte), keine Farbe mit nur **einer** Karte und höchstens **eine** Farbe mit nur zwei Karten.

Ausgeglichene Hände haben also:

kein Chicane
kein Singleton
höchstens **ein** Doubleton.

Alle anderen Hände gelten als unausgeglichen.

1.1 Eröffnung mit 1 Sans Atout

Wenn immer Ihr Blatt ausgeglichen verteilt ist und Sie in Ihrem Blatt 12, 13 oder 14 Figurenpunkte festgestellt haben, sollten Sie als Teiler die Auktion mit 1 Sans Atout (1SA) eröffnen. Man nennt dieses Gebot (die Eröffnung 1SA mit ausgeglichener Hand und 12-14 Figurenpunkten) **"schwacher Sans Atout".** Manche Bridgespieler spielen "**starken Sans Atout**", d.h. sie eröffnen 1SA mit 15-17 oder 16-18 FP. Da in diesem Buch das Acol-System zugrundegelegt wird, konzentrieren wir uns auf den für Acol typischen schwachen Sans Atout.
Jeder Bridgespieler ist bemüht, seinen Partner schon durch sein erstes Gebot so umfassend wie möglich über seine Hand zu informieren. Die 1SA-Eröffnung bietet sich dafür an, denn sie ist sehr präzise und enthält, wie eben erwähnt, auf einen engen Punktbereich begrenzte Informationen. Man nennt solche Gebote **"limitierte Gebote"** oder **"Limit-**

Gebote". Sie sollten sich deshalb - aber auch aus anderen Gründen, auf die später eingegangen wird - bei jeder sich bietenden Gelegenheit zu einem limitierten Gebot, vor allem zu einer 1SA-Eröffnung, entschließen.

Wenn Sie 1SA angereizt haben, weiß Ihr Partner,

1) daß Ihre Hand 4-3-3-3 oder 4-4-3-2 oder 5-3-3-2 verteilt ist und
2) daß Ihre Hand 12-14 FP enthält.

Sehen Sie sich nun folgende drei Hände an und prüfen Sie, ob diese für eine 1SA-Eröffnung geeignet sind oder nicht:

♠ AD8	♠ DB63	♠ A9742
♥ K54	♥ K97	♥ A5
♦ A87	♦ A2	♦ B5
♣ A876	♣ KB94	♣ A1064

Die erste Hand ist zwar ausgeglichen (4-3-3-3) verteilt, ohne Chicane, ohne Singleton, und sie hat auch nicht zwei oder mehr Doubletons. Aber sie hat 17 FP, ist also für eine 1SA-Eröffnung zu stark.
Die zweite Hand ist ausgeglichen (4-4-3-2) und enthält 14 FP. Sie erfüllt damit alle Voraussetzungen für eine 1SA-Eröffnung.
Die dritte Hand entspricht zwar mit 13 FP der erforderlichen Punktstärke, ist aber unausgeglichen (zwei Doubletons) und kann deshalb nicht mit 1SA eröffnet werden.

1.2 Farb-Eröffnungen

Ausgeglichene Hände mit mehr als 14 FP und unausgeglichene Hände mit 12 oder mehr FP werden meist mit einem Farbgebot auf der Einerstufe (1♣, 1♦, 1♥ oder 1♠) eröffnet. Es liegt auf der Hand, daß man dabei zuerst seine längste Farbe reizt. Und diese muß mindestens eine 4er Farbe sein. Da eine Hand aus 13 Karten besteht und es vier Farben gibt, enthält jede Hand mindestens eine Farbe mit vier oder mehr Karten. Das Charakteristische am Acol-System ist neben dem schwachen Sans Atout und Limit-Geboten die Möglichkeit, schon eine 4er Farbe im Eröffnungsgebot zu nennen. Für die Eröffnung von Händen mit zwei oder drei Farben gleicher Länge gibt es Regeln, auf die wir später zu sprechen kommen.

1.2.1 Ausgeglichene Hände mit 15 oder mehr Punkten

Wir hatten festgestellt, daß nur Blätter mit ausgeglichener Verteilung und 12-14 FP mit 1SA eröffnet werden. Hände mit ausgeglichener Verteilung und 15 oder mehr FP müssen deshalb durch ein Farbgebot angereizt werden. Sehen wir uns dazu drei Hände an:

♠ KD3	♠ KDB	♠ KD42
♥ AB1083	♥ AB10	♥ AB
♦ DB7	♦ 10965	♦ A1087
♣ A8	♣ A74	♣ D96

Mit der ersten Hand (17 FP) werden Sie ohne zu zögern 1♥ eröffnen. Die zweite und dritte Hand zeigen zwar ausgeglichene Verteilung, sind aber stärker als 14 FP und erfüllen deshalb die Voraussetzungen für eine 1SA-Eröffnung nicht. Derartige Blätter müssen durch ein Farbgebot eröffnet werden. Die ausgeglichene Verteilung solcher Hände kann durch ein späteres Gebot gezeigt werden.
Mit der zweiten Hand (15 FP) mögen Sie vielleicht Bedenken haben, 1♦ anzureizen, obwohl Karo Ihre längste Farbe ist. Karo scheint Ihnen zu schwach zu sein, und Sie würden lieber mehr als nur diese armseligen vier Karten in jener Farbe haben. Aber damit müssen Sie leben! Überlegen Sie, welche Alternativen Sie haben: Wenn Sie passen, muß Ihr Partner annehmen, daß Sie weniger als 12 Punkte besitzen. Sie sind aber bedeutend stärker, und es ist nicht ausgeschlossen, daß Sie gemeinsam mit Ihrem Partner in der Auktion die Oberhand behalten, einen Teilkontrakt oder vielleicht sogar ein Vollspiel erreizen und auch erfüllen werden. Auch 1SA zu eröffnen, wäre eine unrichtige Beschreibung Ihrer Hand. Ihre Hand ist zwar ausgeglichen, Ihr Partner aber würde bei Ihnen nur 12-14 FP vermuten. Sie müssen 1♦ eröffnen und können überzeugt sein, richtig gehandelt zu haben. Die Auktion ist noch nicht beendet. Sie beginnen lediglich mit dem Gebot, das Ihrem Partner innerhalb der Ihnen zur Verfügung stehenden Möglichkeiten Ihre Hand so gut wie möglich beschreibt.
Auch mit der dritten Hand (16 FP) sind Sie für eine 1SA-Eröffnung zu stark. Sie müssen mit einem Farbgebot beginnen. Diesmal stehen Ihnen

zwei 4er Farben zur Verfügung. Bei zwei 4er Farben sollte normalerweise mit der rangniedrigeren begonnen werden. Eröffnen Sie hier deshalb 1♦.

1.2.2 Unausgeglichene Hände

Wenn Sie eine unausgeglichene Hand besitzen, ist die Entscheidung, mit welcher Farbe Sie eröffnen, gewöhnlich leichter. Wie bereits erwähnt, reizen Sie Ihre längste Farbe zuerst. Wenn Sie zwei **4er** Farben haben, beginnen Sie normalerweise mit der rangniedrigeren. Für zwei **5er** oder zwei **6er** Farben gilt das jedoch nicht. In solchen Fällen müssen Sie die ranghöhere Farbe zuerst nennen. Warum das so ist, daß nämlich dadurch die Fortsetzung der Reizung in vielen Fällen ökonomischer gestaltet werden kann, werden wir später erfahren. Lernen Sie jetzt nur das: mit zwei 4er Farben zuerst die rangniedrigere, mit zwei 5er oder 6er Farben zuerst die ranghöhere Farbe reizen.

Lassen Sie uns wieder drei Hände betrachten:

♠ 7	♠ KD854	♠ -
♥ AK93	♥ AB975	♥ AB9754
♦ B108764	♦ K8	♦ 6
♣ A7	♣ 8	♣ AK9532

Wie Sie sofort erkennen, sind diese Hände unausgeglichen: sie enthalten Chicane, Singletons und ausgesprochen lange Farben.
Mit der ersten Hand eröffnen Sie 1♦, Ihre längste Farbe.
Ihr zweites Blatt ist eine unausgeglichene Hand mit zwei 5er Farben. Eröffnen Sie 1♠, die ranghöhere der beiden Farben.
In Ihrer dritten Hand sehen Sie ein Chicane (was den Wert dieser Hand steigert) und zwei 6er Farben. Auch hier beginnen Sie mit der höheren Farbe. Eröffnen Sie 1♥.
Erwähnt werden sollen auch Verteilungen, die Ihnen wesentlich seltener begegnen werden als die bisher genannten. Gemeint sind Blätter mit 4-4-4-1-Verteilung, unausgeglichene Hände also mit drei 4er Farben und einem Singleton. Hier sollten Sie nicht - wie bei zwei 4er Farben - mit der rangniedrigeren Farbe beginnen sondern folgendermaßen vorgehen:

mit Singleton in einer roten Farbe (Karo oder Coeur):
eröffnen Sie mit der Farbe unterhalb des Singleton

mit Singleton in einer schwarzen Farbe (Treff oder Pik):
eröffnen Sie mit der mittleren der drei 4er Farben

Auch hierfür drei Beispiele:

♠ KB75	♠ A1096	♠ B874
♥ A742	♥ 8	♥ AK95
♦ ADB8	♦ KDB5	♦ 9
♣ 8	♣ K1053	♣ KD86

Alle drei Hände sind unausgeglichen verteilt (4-4-4-1) und stark genug für eine Eröffnung (15 FP, 13 FP, 13 FP). Mit dem ersten Blatt lautet Ihr Eröffnungsgebot 1♥ (mittlere der drei 4er Farben). Mit der zweiten Hand eröffnen Sie 1♦ (Farbe unterhalb des Singleton) und mit der dritten Hand 1♣ (Farbe unterhalb des Singleton).

2. Erforderliche Punktstärke für Vollspiele und Schlemms

Sie haben gesehen, wie stark eine Hand in der Regel sein sollte, wenn man ein Eröffnungsgebot abgeben will. Bevor wir uns nun mit der Antwort-Reizung beschäftigen, wollen wir untersuchen, wie stark die beiden Partner zusammen sein müssen, wenn sie nicht nur einen Teilkontrakt spielen wollen, sondern mit einiger Aussicht auf Erfolg ein Vollspiel oder vielleicht sogar einen Schlemm. Denn für erfüllte Vollspiel-Kontrakte und Schlemms gibt es, wie wir im Abschnitt "Ergebnis des Spiels" erfahren haben, erheblich höhere Prämien als für Teilkontrakte.
Sie erinnern sich: Ein Vollspiel ist dann erreicht, wenn man einen SA-Kontrakt mindestens auf der Dreierstufe (3SA), einen Oberfarben-Kontrakt auf der Viererstufe (4♥/ 4♠) oder einen Unterfarben-Kontrakt auf der Fünferstufe (5♣/5♦) erfüllt. Ein Klein-Schlemm ist erreicht, wenn ein Kontrakt auf der Sechserstufe (6♣/6♦/6♥/6♠/6SA), ein Groß-Schlemm, wenn ein Kontrakt auf der Siebenerstufe (7♣/7♦/7♥/7♠/7SA) erfüllt wird. Wie stark müssen die Partner nun sein, wie viele Figurenpunkte müssen sie in ihren Blättern haben, um derartig hoch zu reizen?

Für ein Vollspiel sollten die Partner gemeinsam folgende Stärke haben:

für 3 SA (neun Stiche)	mind. 25 FP
für 4 Coeur oder 4 Pik (zehn Stiche)	mind. 25 FP
für 5 Treff oder 5 Karo (elf Stiche)	mind. 28 FP

Voraussetzung für Vollspiel in einer Farbe ist in jedem Fall außerdem ein Fit in der Trumpffarbe, d. h. die Partner sollten zusammen mindestens acht Karten in der Trumpffarbe besitzen.

Für einen Klein-Schlemm
(12 Stiche in einem SA-Kontrakt oder einem Farbkontrakt)
sollten die Partner gemeinsam mind. 33 FP
halten.

Für einen Groß-Schlemm
(alle 13 Stiche in einem SA-Kontrakt oder Farbkontrakt)
sollten die Partner gemeinsam mind. 37 FP
halten.

Zusammenfassung:

1. Für ein Eröffnungsgebot sind mindestens 12 FP erforderlich.

2. Voraussetzungen für eine 1SA-Eröffnung sind eine ausgeglichen verteilte Hand und 12-14 FP.

3. Ausgeglichene Hände sind 4-3-3-3 oder 4-4-3-2 oder 5-3-3-2 verteilt. Sie haben also kein Chicane, kein Singleton und maximal **ein** Doubleton. Alle anders verteilten Blätter gelten als unausgeglichen.

4. Unausgeglichene Hände mit mindestens 12 FP und ausgeglichene Hände mit 15 oder mehr FP werden durch ein Farbgebot auf der Einerstufe (1♣/1♦/1♥/1♠) eröffnet.

5. Bei einer Farb-Eröffnung reizt man die längste Farbe zuerst. Mit zwei 4er Farben nennt man die rangniedrigere, mit zwei 5er oder zwei 6er Farben die ranghöhere Farbe zuerst.

6. Für eine Hand mit drei 4er Farben gilt folgendes: mit schwarzem Singleton (♣ oder ♠) ist die mittlere der drei 4er Farben, mit rotem Singleton (♦ oder ♥) die Farbe unterhalb des Singleton zu-

erst zu reizen.

7. Mindestpunktzahl in den gemeinsamen Händen für Vollspiel
in Sans Atout (3SA, neun Gewinnstiche) 25 FP
in einer Oberfarbe (4♥/4♠, zehn Gewinnstiche) 25 FP
in einer Unterfarbe (5♣/5♦, elf Gewinnstiche) 28 FP

8. Mindestpunktzahl in den gemeinsamen Händen
für einen Klein-Schlemm 33 FP
für einen Groß-Schlemm 37 FP

Quiz 4

1. Wie viele Figurenpunkte müssen Sie in Ihrem Blatt haben, um stark genug für ein Eröffnungsgebot zu sein?

2. Was sind die Voraussetzungen für eine 1SA-Eröffnung?

3. Sie haben Eröffnungsstärke und zwei 4er Farben. Welche Farbe eröffnen Sie?

4. Sie haben Eröffnungsstärke und zwei 5er Farben. Welche Farbe eröffnen Sie?

5. Sie haben Eröffnungsstärke und drei 4er Farben. Welche Farbe eröffnen Sie?

6. Sie sind Teiler.Wie lautet Ihr Eröffnungsgebot mit folgenden Händen:

a)	b)	c)
♠ D53	♠ 93	♠ A
♥ B107	♥ AKD	♥ AB1087
♦ A964	♦ KD532	♦ K9762
♣ KD9	♣ B84	♣ 62

d)	e)	f)
♠ AK	♠ A8	♠ 104
♥ 95	♥ D82	♥ A93
♦ 98753	♦ A1053	♦ KD98
♣ AKDB	♣ AD32	♣ KB74

g)	h)	i)
♠ ADB974	♠ D8	♠ KB86
♥ K107	♥ KDB84	♥ A
♦ A8	♦ 10	♦ AD107
♣ 42	♣ AD963	♣ D1095

7. Über wie viele Punkte sollten Sie und Ihr Partner gemeinsam verfügen, um ein Vollspiel in
   a) Coeur b) Karo c) Sans Atout zu reizen?

8. Wann ist eine Hand ausgeglichen?

9. Wie viele Punkte sollten in den Partnerhänden vorausgesetzt werden für
   a) einen Klein-Schlemm b) einen Groß-Schlemm?

3. Die Antwort-Reizung

Ein erstes Ziel der Reizung ist, wie wir bereits festgestellt haben, die gegenseitige Information der Partner über Stärke und Verteilung ihrer Hände. Für ihre Reizung verwenden sie im Zuge des Informationsaustauschs Gebote, aus denen sie abzulesen versuchen, wie viele Punkte sie gemeinsam in ihren Händen halten, ob sie entsprechend der Anzahl ihrer Figurenpunkte und ihrer Verteilung besser Sans Atout oder ein Farbspiel reizen sollen und ob gemeinsame Stärke und Verteilung für einen Teilkontrakt, für ein Vollspiel oder gar für einen Schlemm ausreichen.

Für die beiden Partner ist es während der Auktion ebenso wichtig zu erkennen, ob das gerade abgegebene Gebot des Partners zu einem Passe veranlassen oder aber zur Weiterreizung auffordern wollte. Umgekehrt muß sich der Bietende darauf verlassen können, daß seine Botschaft, sein Signal vom Partner verstanden worden ist. Anders ausgedrückt: durch ein Gebot informiert man den Partner nicht nur über Stärke und Verteilung der eigenen Hand, sondern fordert ihn auch auf,

- auf das letzte Gebot zu passen oder
- zwischen Passen oder Weiterreizen selbst zu entscheiden oder
- unbedingt weiterzureizen.

Derartige Reiz-Signale sind für die gesamte Auktion von außerordentlicher Bedeutung. Die drei Gebots-Typen, die solche Signale enthalten, nennt man:

1)	Abschlußgebot:	Es wird erwartet, daß der Partner paßt.
2)	Einladendes Gebot:	Es wird erwartet, daß der Partner zwischen Passen und Weiterreizen selbst entscheidet.
3)	Forcierendes Gebot:	Der Partner muß weiterreizen. Er darf nicht passen.

Natürlich dürfen wir nicht vergessen, daß in vielen Auktionen auch die Gegenpartei bietet. Am Ende des Bietprozesses steht dann fest, welche Partei den Endkontrakt zu spielen hat, welche der möglichen fünf Denominationen (SA, Pik, Coeur, Karo oder Treff) gespielt wird und wie viele Stiche die spielende Partei gewinnen muß, um den Kontrakt zu erfüllen. In unseren nächsten Kapiteln gehen wir jedoch der besseren Verständlichkeit wegen zunächst davon aus, daß die Gegenpartei nicht mitreizt, daß also beide Gegner passen. Wir behandeln also zunächst die Auktion ohne "**Gegenreizung**". Die Antwort eines Spielers auf das Eröffnungs-Gebot des Partners wird demnach untersucht, nachdem dessen rechter Gegner gepaßt hat.

3.1 Partner hat 1 Sans Atout eröffnet

Sie wissen durch die 1SA-Eröffnung Ihres Partners, daß er 12, 13 oder 14 Figurenpunkte besitzt. Ihnen ist auch bekannt, daß er eine Hand mit ausgeglichener Verteilung hat. Sie wissen eine Menge über das Blatt Ihres Partners. Es ist nicht übertrieben zu sagen, daß diese Information zusammen mit dem, was Sie in Ihrer Hand sehen, in vielen Fällen schon ausreicht, den Endkontrakt festzulegen. Zumindest können Sie beurteilen, ob Sie und Ihr Partner im Bereich eines Teilkontrakts bleiben werden, ob Sie aufgrund der gemeinsamen Punktstärke im Vollspielbereich sind oder ob Sie sich sogar im Bereich eines Schlemms befinden. Deshalb sind jetzt Sie in der Position des Kapitäns. Ihr Partner, der Eröffner, hat durch sein Limit-Gebot seine Hand akkurat beschrieben. Es liegt nun an Ihnen, die richtigen Entscheidungen zu treffen. Nach einer 1SA-Eröffnung ist das nicht allzu schwer. Sie addieren jetzt Ihre Figurenpunkte und die Ihres Partners. Sie wissen, daß Sie gemeinsam mindestens 25 Punkte benötigen für Vollspiel in Sans Atout und auch mindestens 25 Punkte für Vollspiel in einer Farbe.

Ihr Partner hat 1SA eröffnet, und Sie halten diese Hand:

♠ K78
♥ AB4
♦ KD52
♣ 1098

Ihre Hand ist ausgeglichen (Sie erinnern sich: eine Hand ist ausgeglichen, wenn sie kein Chicane, kein Singleton und höchstens **ein** Doubleton einschließt), und Sie haben 13 Punkte. Ihre Kalkulation sieht nun folgendermaßen aus:

12 FP + 13 FP = 25 FP
13 FP + 13 FP = 26 FP
14 FP + 13 FP = 27 FP

Ganz gleich, ob Ihr Partner mit 12, 13 oder 14 Punkten eröffnet hat, sehen Sie sofort Vollspiel, weil Ihre Gesamtpunktzahl in jedem Fall mindestens 25 FP ergibt. Da Ihre Hand ausgeglichen ist, werden Sie sich sofort für 3SA, also Vollspiel, entscheiden. Das ist ein Abschlußgebot. Ihr Partner wird diese Entscheidung selbstverständlich gern akzeptieren und passen.

Nehmen wir nun an, Sie erhalten folgendes Blatt:

♠ A63
♥ AK8643
♦ 85
♣ DB

Wieder ein gutes Blatt. Sie haben 14 Punkte, zusammen mit den Punkten Ihres Partners genug für ein Vollspiel. Wieder sind Sie der Kapitän und müssen entscheiden, ob Sie 3SA, 4♥, 4♠, 5♣ oder 5♦ spielen wollen. Diesmal aber ist Ihre Hand nicht ausgeglichen. Sie haben eine 6er Farbe und zwei Doubletons. Obwohl Sie für 3SA nur neun Stiche gewinnen müssen, wäre 3SA nicht der richtige Kontrakt. 3SA würden Sie wahrscheinlich auch nicht erfüllen können. Sie haben eine bessere Möglichkeit: Durch die 1SA-Eröffnung Ihres Partners wissen Sie, daß er in jeder Farbe mindestens zwei Karten besitzt. Sie haben ein 6er Coeur und verfügen demnach zusammen mit Ihrem Partner über mindestens acht Karten in Coeur. Mit einem Fit von mindestens acht Karten in einer Oberfarbe sollte man nicht Sans Atout, sondern ein Farbspiel reizen. Für Vollspiel in einer Oberfarbe benötigen Sie zwar einen Stich mehr als für 3SA, nämlich zehn Gewinnstiche. In einem Farbspiel werden Sie aber meist schon deshalb einen Stich mehr gewinnen können, weil Sie hohe Karten der Gegner stechen können, sobald Sie in dieser Farbe keine Karten mehr besitzen. Bei dieser Hand ist nach der 1SA-Eröffnung Ihres Partners mit Sicherheit 4♥ der bessere Vollspiel-Kontrakt als 3SA. Da Ihr Partner Ihre Hand nicht kennt, Sie aber durch das Limit-Gebot Ihres Partners über seine Hand bestens informiert sind, müssen Sie die Entscheidung treffen: 4♥. Auch das ist ein Abschlußgebot, und Ihr Partner wird darauf natürlich passen.

Wieder hat Ihr Partner 1SA eröffnet. Sie halten folgendes Blatt:

♠ K86
♥ A42
♦ 643
♣ DB97

Ihre Hand ist ausgeglichen, aber Sie haben nur 10 Punkte. Mit der Eröffnung 1SA hat Ihr Partner sein Blatt genau beschrieben: ausgeglichene Verteilung, 12-14 Punkte. Sie wissen also, daß Ihr Partner höchstens 14 Punkte hat. Ihre Gesamtpunktzahl von maximal 24 Punkten reicht für ein Vollspiel nicht aus. Sie sind der Kapitän und müssen dafür sorgen, daß Ihre Partei im Bereich eines Teilkontrakts bleibt, und zwar auf der niedrigstmöglichen Stufe der Gebots-"Leiter". Sie werden mit Ihrer ausgeglichenen Hand deshalb passen. Wenn immer Ihr Partner 1SA eröffnet hat und Sie 10 oder weniger Punkte haben, sollten Sie sich für einen Teilkontrakt entscheiden. Mit einer ausgeglichenen Hand heißt das: passen.

Wie antworten Sie mit folgender Hand?

♠ B98643
♥ 75
♦ D94
♣ 52

Wieder hat Ihr Partner 1SA eröffnet, und Sie sehen sofort: Gemeinsam haben Sie nicht genügend Punkte für ein Vollspiel. In Ihrer Hand zählen Sie nur 3 FP. Von Ihrem Partner können Sie höchstens 14 FP erwarten. Also entscheiden Sie sich natürlich für Teilkontrakt. Werden Sie passen? Sie und Ihr Partner haben ja zusammen nur maximal 17 FP, und der von Ihrem Partner gereizte 1SA ist ja ein Teilkontrakt. Nein, diesmal passen Sie nicht, denn Ihre Hand ist nicht ausgeglichen. Erneut erinnern Sie sich an das Prinzip des 8er Fits bei Farbspielen und entscheiden sich für 2♠ als den besseren Teilkontrakt. Sie und Ihr Partner haben keine besonders gute Kombination, aber mit Ihren Pik und den mindestens zwei Pikkarten Ihres Partners können Sie (wenn Pik Trumpf ist) durch Stechen verhindern, daß die Gegner zu viele Stiche in Ihren kurzen Farben Coeur und Treff gewinnen. Sie werden 2♠ reizen, ein Abschlußgebot. Ihr Partner wird das verstehen und darauf passen.

Nicht immer ist die Antwort so leicht. Nicht immer können Sie als Antworter sofort und eindeutig entscheiden, ob Teilkontrakt oder Vollspiel richtig ist und welcher Endkontrakt gespielt werden soll. Hier ist dafür ein Beispiel:

♠ KD7
♥ A94
♦ D1085
♣ B54

Ihr Partner hat 1SA angereizt. Sie haben diese ausgeglichene Hand mit 12 FP. 3SA-Vollspiel oder passen und 1SA-Teilkontrakt spielen? Das ist Ihre Frage. Wenn Ihr Partner 13 oder 14 Punkte besitzt, ist Ihre Hand für ein Vollspiel in SA völlig ausreichend. Was aber, wenn er mit nur 12 Punkten angereizt hat? Wenn Sie jetzt passen, verschenken Sie möglicherweise die Prämie für ein Vollspiel. Wenn Sie jedoch 3SA riskieren, zwingen Sie Ihren Partner vielleicht zu einem aussichtslosen Vollspiel, falls er nur 12 Punkte mitbringt. Die Lösung ist: Reizen Sie 2SA, ein einladendes Gebot. Mit diesem Gebot, mit dieser Einladung an den Partner, selbst zwischen Passen und Weiterreizen zu entscheiden, signalisieren Sie, daß Ihre Hand ausgeglichen verteilt ist und Sie 12 Punkte haben. Sie überlassen die Entscheidung für Vollspiel oder Teilkontrakt Ihrem Partner und machen sie von seiner Punktstärke abhängig. Hat er 13 oder 14 Punkte, soll er auf Vollspiel, auf 3SA heben.

Mit nur 12 Punkten soll er auf Ihr 2SA-Gebot passen. Seien Sie unbesorgt: Ihr Partner wird diese Einladung verstehen.

Sehen Sie sich nun diese Hand an:

♠ A8765
♥ A96
♦ 108
♣ AD5

Wieder hat Ihr Partner 1SA eröffnet, und Sie wissen, daß Sie mit Ihren 14 Punkten und seinen Punkten im Vollspielbereich sind. Allerdings haben Sie die Wahl zwischen 3SA und - falls Ihr Partner mindestens ein 3er Pik hält - 4♠, denn Sie haben ein 5er Pik. Um zwischen diesen beiden Endkontrakten entscheiden zu können, brauchen Sie von Ihrem Partner mehr Information. Sie möchten wissen, wie viele Karten er in Pik hält. Hat er drei oder mehr Karten in Pik, wird er Vollspiel in Pik reizen; wenn nicht, dann ist 3SA der beste Endkontrakt. Hier haben Sie erneut ein Beispiel dafür, daß Sie durch die 1SA-Eröffnung Ihres Partners zwar viel Information erhalten haben, aber manchmal nicht genug, um sofort den Endkontrakt bestimmen zu können. Durch Ihr Antwort-Gebot müssen Sie ihm nun Ihren Wunsch nach mehr Information zu verstehen geben und ihn wissen lassen, daß Sie zwar stark genug für Vollspiel sind, er aber die Entscheidung über den Endkontrakt treffen muß

Reizen Sie deshalb nicht etwa 2♠ - das wäre ein Abschlußgebot -, sondern **3♠**. Dieser Sprung auf die Dreierstufe forciert den Partner. Er darf nicht passen, sondern muß sich nun zwischen 3SA oder 4♠ entscheiden.

Manchmal hat der Antworter nach einer 1SA-Eröffnung des Partners statt einer 5er Oberfarbe nur eine **4er** Oberfarbe, ein 4er Coeur oder ein 4er Pik, und er möchte von seinem Partner wissen, ob dieser vier Karten in einer der beiden Oberfarben hält. Für diese Anfrage gibt es ein besonderes Reiz-Verfahren, die "**Stayman-Konvention**", über die in einem späteren Abschnitt gesprochen wird.

Zusammenfassung:

1. Ein Gebot des Antworters ist
   ein Abschlußgebot oder
   ein einladendes Gebot oder
   ein forcierendes Gebot.

2. Ein Abschlußgebot erwartet vom Partner, daß er paßt.
   Ein einladendes Gebot überläßt dem Eröffner, zwischen Passen und Weiterreizen selbst zu entscheiden.
   Ein forcierendes Gebot zwingt den Partner zur Weiterreizung.

3. Antwort nach 1SA-Eröffnung des Partners:

mit ausgeglichener Hand und

0-10 FP	Passe
11-12 FP	2SA
13+ FP	3SA

mit unausgeglichener Hand und

0-10 FP und 6er Karo/Coeur/Pik	2 ♦/2♥//2♠
0-10 FP und allen anderen Händen	Passe
11-12 FP	2SA
13 + FP und 5er Coeur/Pik	3♥/3♠
13 + FP und 6er Coeur/Pik	4♥/4♠

Quiz 5

1. Sie haben 1SA eröffnet. Welche der folgenden Antwortgebote Ihres Partners sind Abschlußgebote?

   a) 2SA b) 2♠ c) 3SA d) 3 ♥ e) 4♠

2. Ihr Partner hat 1SA eröffnet. Wie beurteilen Sie mit den folgenden Blättern Ihre Möglichkeiten? Sind Sie und Ihr Partner im Vollspielbereich, können Sie nur einen Teilkontrakt erreichen oder sind Sie noch nicht sicher und müssen Ihren Partner entscheiden lassen?

a)	b)	c)	d)
♠ 85	♠ 1082	♠ D108	♠ K104
♥ AD10962	♥ A86	♥ DB 7	♥ KD
♦ AK5	♦ K65	♦ A53	♦ D95
♣ 87	♣ A942	♣ 9642	♣ A10875

3. Wie lautet Ihre Antwort mit den oben gezeigten Händen?

4. Ihr Partner hat 1SA eröffnet. Wie antworten Sie mit folgenden Händen:

a)		b)		c)		d)	
	♠ 1087		♠ AD9864		♠ A102		♠ KD9
	♥ B963		♥ 75		♥ KB9		♥ A108
	♦ 965		♦ K3		♦ A863		♦ D75
	♣ 862		♣ A92		♣ 854		♣ A982

3.2 Partner hat mit einer Oberfarbe eröffnet

Wir hatten gesehen, daß nach einer 1SA-Eröffnung vom Antworter oft schon eine unmittelbare Entscheidung über Bereich und Denomination des Endkontrakts getroffen werden kann, weil der Eröffner durch das Limit-Gebot 1SA seine Figurenpunktzahl eng begrenzt und auch über die Verteilung seiner Hand Auskunft gegeben hat. Sie erinnern sich: 12-14 FP und eine ausgeglichene Hand, also mindestens zwei, höchstens fünf Karten in jeder Farbe, nicht mehr als **ein** Doubleton und maximal **eine** 5er Farbe.

Durch eine Farb-Eröffnung (1♣, 1♦, 1♥ oder 1♠) hingegen hat der Antworter für eine sofortige Entscheidung noch keine ausreichende Information erhalten. Eröffnet der Partner beispielsweise 1♥, so weiß der Antworter sehr wenig über dessen Hand. Seine längste Farbe ist Coeur, und mindestens 12 Punkte wird er haben. Das weiß er. Aber mehr nicht. Sein Partner kann eine schwache Hand mit lediglich 12 FP haben oder über erheblich mehr Punkte verfügen. Seine Hand kann ausgeglichen verteilt - beispielsweise 4-3-3-3 mit Coeur als 4er Farbe - aber zu stark für eine 1SA-Eröffnung sein. Er kann eine sehr unausgeglichene Hand haben mit einem langen Coeur und vielleicht einem Chicane oder einem Singleton und Doubletons in den Nebenfarben. Was der Antworter weiß, ist lediglich, daß sein Partner mindestens 12 Punkte besitzt und daß Coeur seine längste Farbe ist, mindestens eine 4er Farbe. Wie soll der Antworter reagieren?

Gehen wir zunächst davon aus, daß Ihr Partner mit einer Oberfarbe (1♥ oder 1♠) eröffnet hat und Sie nun, nachdem der erste Gegner gepaßt hat, antworten müssen:

Antworter hat 0 bis 5 Figurenpunkte

Sehen Sie als Antworter in Ihrem Blatt nur 0 bis 5 Figurenpunkte, so bleibt Ihnen keine andere Wahl als zu passen. Sie sind zu schwach für eine Unterstützung Ihres Partners, und in der Regel werden sich die Gegner in die Auktion einschalten, da sie sehr wahrscheinlich punktstärker sind als Sie zusammen mit Ihrem Partner. Tun sie das nicht, passen also beide Gegner, muß Ihr Partner versuchen, sieben Stiche mit der von ihm angereizten Farbe als Trumpf zu gewinnen.

Antworter hat 6 oder mehr Figurenpunkte und kann die Oberfarbe seines Partners unterstützen

Hat Ihr Partner in einer Oberfarbe eröffnet, so sollten Sie ihn, wenn immer möglich, in dieser Farbe unterstützen. Sie können das nur, wenn Sie 6 oder mehr FP und mindestens vier Karten in der Eröffnungsfarbe besitzen. Sie wissen, daß Ihr Partner mindestens vier Karten in der von ihm zuerst genannten Farbe hält. Sehen Sie nun in Ihrer Hand vier oder mehr Karten in derselben Farbe, so haben Sie einen Fit gefunden, nämlich zusammen mindestens acht Karten in dieser Farbe, und sollten das durch Ihr Antwortgebot signalisieren. Hierfür bieten sich sehr einfache und logische Möglichkeiten: Sie zeigen Ihre Unterstützung, indem Sie Ihren Partner in seiner Farbe heben, d.h. Sie wiederholen die von ihm angereizte Farbe entsprechend Ihrer Stärke auf einer höheren Stufe. Das bedeutet: je stärker Ihr Blatt ist, desto höher reizen Sie.
Um zu entscheiden, auf welcher Höhe Sie ihren Partner unterstützen sollen, müssen Sie sich vergewissern, ob Ihre Hand

schwach
von mittlerer Stärke oder
stark ist.

Mit wenigen Punkten (6-9 FP) sollten Sie als Antworter die Auktion lediglich am Leben erhalten, damit Ihr Partner, falls dieser mit starker Hand eröffnet hat, nochmals reizen und seine Hand genauer beschreiben kann.
Mit 10-12 FP ist ein volles Spiel nur dann möglich, wenn Ihr Partner mit mehr als Minimum eröffnet hat. Sie haben eine Hand von mittlerer Stärke, und Ihre Antwort muß dem Rechnung tragen.

Haben Sie als Antworter 13 oder mehr FP, dann wissen Sie, daß Sie gemeinsam mit Ihrem Partner stark genug für ein Vollspiel sind, auch wenn Ihr Partner mit nur 12 oder 13 Punkten eröffnet hat.
Hat Ihr Partner in einer Oberfarbe eröffnet, so sollten Sie - **immer vorausgesetzt natürlich, Sie haben mindestens eine 4er Unterstützung in der Partnerfarbe** - also folgendermaßen antworten:

0-5 FP	Passe
6-9 FP	Hebung auf Zweierstufe (2♥ bzw. 2♠)
10-12 FP	Hebung auf Dreierstufe (3♥ bzw. 3♠)
13+ FP	Hebung auf Viererstufe (4♥ bzw. 4♠)

Wenn Sie so vorgehen, werden Sie Ihren Partner auch dann nicht in Verlegenheit bringen, wenn er nur mit Minimum eröffnet hat. Sie geben ihm dadurch andererseits aber auch die Möglichkeit, seine Stärke mit einem zweiten Gebot zu zeigen, falls er eine stärkere Hand hat. Da Ihre Antworten, die Hebungen auf die Zweier-, Dreier- oder Viererstufe, in ihren Inhalten eng begrenzt sind, nennt man auch diese Gebote "Limit-Gebote".
Hier sind einige Beispiele. Ihr Partner hat 1♥ eröffnet, und Sie halten:

♠ 643	♠ AK4	♠ D107
♥ AKB8	♥ K983	♥ DB87
♦ 10873	♦ 94	♦ 843
♣ 75	♣ A1042	♣ AD6

Wie Sie sehen, können Sie mit jeder dieser Hände die Farbe Ihres Partners unterstützen. Sie haben jedesmal vier Karten in Coeur, und das bedeutet: ein Fit mit Ihrem Partner in dessen Eröffnungsfarbe ist gefunden.
Mit der ersten Hand bringen Sie Ihrem Partner eine starke Coeur-Unterstützung. Insgesamt aber ist Ihr Blatt schwach. Ihre Hand enthält lediglich 8 FP, und Sie heben deshalb Ihren Partner nur auf die Zweierstufe: 2♥.
Ihre zweite Hand ist insgesamt stark. Sie haben 14 FP und können viel höher heben. Da Sie wissen, daß Ihr Partner mit mindestens 12 FP angereizt hat, gehen Sie sofort auf Vollspiel: 4♥.
Die dritte Teilung ist ein Beispiel für Hände mittlerer Stärke. Mit Ihren 11 FP sollten Sie nur auf die Dreierstufe gehen: 3♥. Das ist ein einla-

dendes Gebot, und Ihr Partner muß nun entsprechend seiner Stärke entscheiden.

Nicht immer ist die Antwort so einfach. Nicht immer können Sie einen Fit in der Partnerfarbe feststellen, vielleicht sogar auf Vollspiel heben und die hohe Prämie dafür kassieren. Häufiger werden Sie einen Teilkontrakt spielen und mit nur 50 Punkten als Prämie zufrieden sein müssen. Stets sollten Sie deshalb vor Ihrer Antwort zwei Überlegungen anstellen:

1. In welchem Bereich (Teilkontrakt, Vollspiel, Schlemm) können wir spielen?
2. In welcher Denomination (Farbspiel, Sans Atout) können wir uns finden?

Antworter reizt Sans Atout

Kann der Antworter die Oberfarbe des Partners nicht unterstützen (hat er also nicht mindestens vier Karten in der vom Partner angereizten Oberfarbe) und ist er auch nicht in der Lage, eine eigene Oberfarbe auf der Einerstufe zu nennen (kann er also nicht 1♠ antworten, nachdem der Partner 1♥ eröffnet hat), wird seine Hand oft ausgeglichen verteilt sein. Mit mehr als 5 FP wird er in diesen Fällen Sans Atout antworten. Je stärker seine Hand ist, desto höher wird er dabei gehen. Auch hier gibt es - wie bei der Hebung der Farbe des Eröffners - für die Antwort ein genau festgelegtes Schema:

0-5 FP	Passe
6-9 FP	1SA
10-12 FP	2SA
13+ FP	3SA

Einige Beispiele mögen das verdeutlichen. Ihr Partner hat 1♠ eröffnet, Sie halten:

♠ AD3	♠ 103	♠ K8
♥ 97	♥ AD3	♥ A75
♦ KD105	♦ D984	♦ KB76
♣ 8652	♣ 7643	♣ D865

Mit keiner dieser Hände können Sie die Farbe Ihres Partners unterstützen. Sie haben kein 4er Pik. Da sie aber über mehr als 5 FP verfügen, dürfen Sie nicht passen.

Die erste Hand ist ausgeglichen und enthält 11 FP. Falls Ihr Partner nicht mit Minimum eröffnet hat, ist Vollspiel durchaus möglich. Antworten Sie 2SA und überlassen Sie alles weitere Ihrem Partner.
Auch die nächste Hand ist ausgeglichen. Sie ist aber schwächer. Ihre Antwort lautet deshalb 1SA, wodurch Sie Ihrem Partner mitteilen, daß Sie mehr als 6 aber weniger als 10 Punkte besitzen.
Die dritte Hand ist eine starke Hand. Sie sehen 13 Punkte und wissen, daß Sie mit den mindestens 12 Punkten Ihres Partners im Vollspielbereich liegen. Sie gehen deshalb sofort auf 3SA.

Antworter reizt eine neue Farbe

Bisher haben wir Hände gesehen, mit denen der Antworter entweder die Farbe des Eröffners unterstützen oder aufgrund der ausgeglichenen Verteilung seiner Hand Sans Atout antworten konnte. Nun gibt es jedoch zahlreiche Hände, mit denen man weder das eine noch das andere tun kann - Hände also, die unausgeglichen verteilt sind und eine Unterstützung der Partnerfarbe nicht ermöglichen.
Mit solchen Händen bietet man in der Regel eine neue Farbe, in der Hoffnung, in dieser Farbe mit dem Partner einen Fit zu finden. Dabei sollte man allerdings kein zu großes Risiko eingehen. Hat der Partner auf der Einerstufe eröffnet und kann der Antworter seine neue Farbe ebenfalls auf der Einerstufe nennen, ist das relativ gefahrlos. Muß der Antworter allerdings für sein Gebot auf die Zweierstufe gehen, was beispielsweise nach einer 1♠-Eröffnung des Partners nicht zu vermeiden ist, verpflichtet er sich und seinen Partner schon zu acht Stichen. Und das könnte zu viel sein, falls der Partner mit einer schwachen Hand eröffnet hat und auch das Blatt des Antworters schwach ist. Man setzt deshalb für eine Antwort auf der Zweierstufe ein stärkeres Blatt voraus. Die Erfahrung lehrt, daß dafür normalerweise mindestens 10 FP erforderlich sind.
Was aber soll der Antworter mit einer Hand wie der folgenden tun, nachdem der Partner 1♠ eröffnet hat:

♠ 87
♥ D85
♦ 94
♣ KB10763

Mit 6 FP scheidet Passe als Antwortmöglichkeit aus. Das Doubleton in Pik reicht für eine Unterstützung der Partnerfarbe nicht aus. Ausgeglichen verteilt ist dieses Blatt auch nicht (zwei Doubletons, eine 6er Farbe), also ist auch 1SA als Antwort nicht möglich. Die Treff sind erfreulich lang, und es erscheint verlockend, mit solch einem starken 6er Treff diese Farbe auch zu reizen. Nach der 1♠-Eröffnung aber kann Treff nicht mehr auf der Einerstufe genannt werden, und eine Antwort auf der Zweierstufe ist, wie wir gerade festgestellt haben, nur mit 10 oder mehr Figurenpunkten möglich. Was nun?
Für derartige Hände des Antworters, d.h. für unausgeglichene Hände mit 6-9 Figurenpunkten ohne Unterstützungsmöglichkeit für die Eröffnerfarbe und ohne eine eigene Farbe, **die auf der Einerstufe genannt werden kann,** gibt es ein "Ausweichgebot", ein Gebot, das die Reizung offenhält: 1SA.
Sie mögen überrascht sein und darauf verweisen, daß 1SA doch eine ausgeglichene Hand beschreibt. Das ist richtig. Weiter oben hatten wir die Voraussetzungen für eine 1SA-**Eröffnung** untersucht und u.a. festgestellt, daß eine SA-Hand ausgeglichen verteilt sein muß. Das aber gilt eben **nur für den Eröffner**. Der Antworter braucht für ein SA-Gebot nicht unbedingt eine ausgeglichene Hand zu haben. Wichtig ist, daß er eine Möglichkeit hat, mit **einem** Gebot eine dreifache Aussage zu machen: mein Blatt ist 6-9 FP stark, ich kann Deine Farbe nicht unterstützen und ich habe auch keine auf der Einerstufe nennbare eigene Farbe.
Auch wenn es anfangs vielleicht befremdlich erscheinen mag, mit dem oben dargestellten Blatt Sans Atout und nicht Treff zu antworten, sollte man sich davor hüten, mit weniger als 10 FP auf die Zweierstufe zu gehen. Vergessen Sie nicht: die Auktion ist noch nicht beendet, und der Antworter erhält möglicherweise noch die Chance, seine 6er Farbe später zu nennen. Dann wird sein Partner auch die 1SA-Antwort richtig interpretieren können.
Für die Nennung einer neuen Farbe nach Eröffnung des Partners in einer Oberfarbe gilt also folgendes:

0-5 FP	Passe
6-9 FP	Nennung der neuen Farbe. Allerdings nur, wenn das auf der Einerstufe möglich ist. Andernfalls "Ausweich-Antwort" 1SA
ab 10 FP	Nennung der neuen Farbe auf Einer- oder Zweierstufe

Einige Beispiele werden das Schema dieser Antworten verdeutlichen. Ihr Partner hat 1♥ eröffnet, und Sie halten:

♠ AB9853	♠ 106
♥ 95	♥ 95
♦ B74	♦ B74
♣ 106	♣ AB9853

In jeder Hand besitzen Sie 6 FP. Passen dürfen Sie also nicht. Mit der ersten Hand können Sie Ihre neue Farbe auf der Einerstufe nennen. Also antworten Sie 1♠.
Die zweite Hand ist fast identisch. Nur die Karten in Pik und Treff haben wir gegeneinander vertauscht. Diesmal können Sie Ihre neue Farbe auf der Einerstufe nicht nennen. 2♣ dürfen Sie mit weniger als 10 FP nicht reizen, und würden Sie passen, hätten Sie Ihrem Partner 0-5 Punkte signalisiert. Die einzig mögliche Antwort ist 1SA.
Wie antworten Sie mit folgenden Händen auf die 1♥-Eröffnung Ihres Partners:

♠ B875	♠ AD876	♠ KD9752
♥ D108	♥ D64	♥ KDB
♦ A53	♦ 42	♦ 75
♣ 964	♣ AK7	♣ 93

Natürlich müssen Sie nicht lange überlegen. Die Partnerfarbe können Sie nicht unterstützen, und Ihre eigene Farbe können Sie auf der Einerstufe nennen. Also antworten Sie mit jedem Blatt 1♠. Was Sie aber auch sofort feststellen werden, ist die sehr unterschiedliche Stärke dieser drei Hände. Mit 7 FP und einem 4er Pik in der ersten Hand antworten Sie ebenso 1♠ wie mit 15 FP und 5er Pik in der zweiten und mit 11 FP und 6er Pik in der dritten Hand. Wie soll Ihr Partner wissen, welche der drei Hände Sie halten? Wie soll er Ihre Stärke beurteilen können, wenn Sie mit jeder dieser drei Hände 1♠ antworten?
Sie können unbesorgt sein: Durch den Farbwechsel, durch Nennung einer neuen Farbe nach Farb-Eröffnung des Partners, zwingen Sie als Antworter den Partner zu mindestens einem weiteren Gebot und erhalten dadurch auch selbst noch einmal eine Gelegenheit, etwas zu sagen und Ihr Blatt genauer zu beschreiben. Nach einer **1SA-Eröffnung** und Antwort des Partners darf der Eröffner bekanntlich passen, wenn er will, nicht jedoch nach einer **Farb-Eröffnung** und anschließender

Nennung einer neuen Farbe durch den Partner. Der Eröffner muß danach noch einmal bieten, und oft kann der Antworter anschließend schon eine Entscheidung über den Endkontrakt treffen. Der Antworter wird ohnehin normalerweise innerhalb seines Teams die Kapitänsrolle übernehmen, denn er hat meist ein klareres Bild von den beiden Händen als der Eröffner.

Spielen wir die Reizung mit den eben gezeigten drei Händen einmal weiter: Ihr Partner hatte 1♥ eröffnet, und Sie hatten mit jeder der drei Hände 1♠ geantwortet. Nehmen wir nun an, das zweite Gebot des Eröffners, sein "**Rückgebot**" ("**Folgegebot**", "**Rebid**") nach Ihrer 1♠-Antwort, ist 2♠. Er stimmt also der von Ihnen genannten Farbe zu. Nachdem anschließend Ihr rechter Gegner gepaßt hat, sind nun Sie wieder an der Reihe, ein Gebot abzugeben.

Mit der ersten der drei oben gezeigten Hände werden Sie daraufhin passen. Ihr Partner ist mit Pik einverstanden. Er besitzt also mindestens vier Karten in Pik, und Sie haben einen Fit gefunden. Da Ihr Blatt schwach ist, geben Sie sich mit dem Teilkontrakt zufrieden.

In Hand zwei besitzen Sie genügend Punkte, um gemeinsam mit den mindestens 12 FP Ihres Partners ein volles Spiel zu reizen. Durch sein Rückgebot hat Ihr Partner gezeigt, daß er neben einem 4er oder längeren Coeur auch Unterstützung für das von Ihnen vorgeschlagene Pik besitzt. Ihr Rückgebot wird 4♠ lauten.

Mit den 11 FP in Ihrer dritten Hand und den möglicherweise 12 oder 13 FP Ihres Partners könnten Sie durchaus passen und den Teilkontrakt 2♠ spielen. Andererseits ist nicht auszuschließen, daß Ihr Partner mit einer stärkeren Hand eröffnet hat und Sie gemeinsam stark genug sind für ein Vollspiel in Pik. Um diese Möglichkeit offen zu halten und Ihren Partner zur Hebung auf 4♠ einzuladen, falls er mit mehr als nur Minimalstärke angereizt hat, lautet mit dieser Hand Ihr Rückgebot 3♠.

Wenn Ihr Partner mit einer Oberfarbe eröffnet und Sie ihn mit Ihrem ersten Gebot sofort in seiner Farbe unterstützen, ist die Entscheidung über die Denomination bereits gefallen, und es muß nur entschieden werden, ob ein Teilkontrakt, ein lukratives Vollspiel oder sogar ein Schlemm gespielt wird. Antworten Sie jedoch mit einer neuen Farbe, sind Sie noch auf der Suche nach beidem, nach der geeigneten Denomination und dem Bereich, in dem Sie spielen wollen. Dabei sollten Sie sich Zeit lassen und nicht unnötig in eine höhere Stufe springen. Durch

Ihre Antwort in einer neuen Farbe machen Sie Ihrem Partner lediglich einen Vorschlag. Sie teilen ihm mit, daß Sie mit seiner Farbe nicht einverstanden sind und eine andere Farbe vorziehen. Erinnern Sie sich in diesem Zusammenhang an unser Beispiel am Anfang dieses Buches, als erstmals von einer Reizung gesprochen wurde: der Austausch von Informationen, dieses Fragen und Antworten in einer Auktion ist nötig, bevor man sich mit dem Partner auf eine Farbe oder auf Sans Atout einigen kann. Der noch nicht abgeschlossene Austausch von Informationen ist auch der Hauptgrund dafür, daß der Eröffner nach Nennung einer neuen Farbe durch den Partner nicht passen darf. Der Antworter kann deshalb auch unbesorgt sowohl mit 6 als auch mit 10 oder 15 FP seine neue Farbe auf der "billigsten" Stufe nennen. Er kommt noch einmal zu Wort und kann in seinem zweiten Gebot seine Hand genauer beschreiben.

Ihr Partner hat 1♥ eröffnet, und Sie halten:

♠ 85	♠ 43	♠ AK875
♥ 107	♥ D	♥ D84
♦ AK72	♦ AB984	♦ A95
♣ KD863	♣ AB742	♣ B7

In jedem Blatt haben sie mehr als 5 FP, können also positiv reagieren. Mit keinem Blatt jedoch sind Sie in der Lage, die Coeur-Eröffnung Ihres Partners zu unterstützen.
Mit der ersten Hand können Sie Ihre neue Farbe auf der Einerstufe nicht zeigen. Aber Sie sind stark genug für ein Gebot auf der Zweierstufe. Reizen Sie 2♣. Nennen Sie als Antworter wie bei einer Eröffnung Ihre längste Farbe, auch wenn Sie nicht unbedingt die stärkste Ihrer bietbaren Farben ist.
Auch mit der zweiten Hand können Sie Ihre Farbe nicht auf der Einerstufe nennen, was wiederum problemlos ist, da Sie die erforderliche Stärke für eine Antwort auf der Zweierstufe besitzen .
Mit zwei 5er Farben nennen Sie - genau wie bei einer Eröffnung - zuerst die höherrangige Farbe. Ihre Antwort lautet 2♦.
Mit der dritten Hand können Sie Ihre neue Farbe auf der Einerstufe zeigen. Sie antworten 1♠. Sofort erkennen Sie, daß Sie und Ihr Partner im Vollspielbereich sind. Sie wissen aber noch nicht, in welcher Farbe

Sie ein volles Spiel reizen oder ob Sie sich vielleicht für ein Vollspiel in Sans Atout entscheiden werden. Da Ihre Antwort Ihren Partner zur Weiterreizung zwingt, werden Sie über die Hand Ihres Partners durch dessen Rückgebot mehr erfahren und dann Ihre Entscheidung treffen können.

Zusammenfassung:

1. Nach Oberfarben-Eröffnung des Partners hat der Antworter, wenn er mindestens 6 FP besitzt, drei Möglichkeiten:

   - Hebung der Partnerfarbe
   - SA-Reizung
   - Reizung einer neuen Farbe

2. Erste Priorität nach Oberfarben-Eröffnung des Partners ist die Hebung der Partnerfarbe. Voraussetzung dafür sind mindestens 4er Unterstützung der Partnerfarbe und 6 oder mehr FP.

0 -5	FP	Passe
6 -9	FP	Hebung auf Zweierstufe
10 -12	FP	Hebung auf Dreierstufe
13+	FP	Hebung auf Viererstufe

3. Kann der Antworter die Oberfarbe seines Partners nicht unterstützen, sollte er, sofern er eine ausgeglichene Hand und mindestens 6 FP besitzt, Sans Atout antworten:

0-5	FP	Passe
6-9	FP	1SA
10-12	FP	2SA
13+	FP	3SA

4. Mit unausgeglichener Hand ohne Möglichkeit, die vom Partner gereizte Oberfarbe zu unterstützen, nennt der Antworter seine längste Farbe. Muß er dafür auf die Zweierstufe gehen, braucht er mindestens 10 FP. Mit weniger als 10 FP und ohne Möglichkeit, seine Farbe auf der Einerstufe zu nennen, muß er 1SA antworten.

0-5 FP	Passe
6-9 FP	neue Farbe auf Einerstufe bzw. 1SA
10+ FP	neue Farbe auf Einer -oder Zweierstufe

5. Durch Nennung einer neuen Farbe nach Farb-Eröffnung des Partners zwingt der Antworter den Eröffner zu mindestens einem weiteren Gebot.

Quiz 6

1. Wie viele Punkte müssen Sie mindestens haben, um auf eine Farb-Eröffnung Ihres Partners zu antworten?

2. Ihr Partner hat 1♥ eröffnet. Nennen Sie als mögliche Antwort

   a) ein einladendes Gebot   b) ein forcierendes Gebot

3. Warum ist Hebung der Partnerfarbe für den Antworter erste Priorität, wenn sein Partner in einer Oberfarbe eröffnet hat?

4. Ihr Partner hat 1♥ eröffnet. Wie lautet Ihre Antwort mit den folgenden Blättern:

a)	b)	c)	d)
♠ AD93	♠ AK8	♠ AD10865	♠ K74
♥ 10854	♥ 54	♥ D84	♥ 9
♦ 432	♦ AB107	♦ 2	♦ KD9743
♣ 92	♣ D964	♣ D96	♣ 1087

e)	f)	g)	h)
♠ K2	♠ K94	♠ B9	♠ 83
♥ 8	♥ AB1085	♥ 7652	♥ 10
♦ A9742	♦ KD73	♦ D108	♦ AB95
♣ A10873	♣ 6	♣ 8542	♣ KD7642

3.3 Partner hat mit einer Unterfarbe eröffnet

Lassen Sie uns nun davon ausgehen, daß Ihr Partner mit einer Unterfarbe (1♣ oder 1♦) eröffnet hat. Ihr rechter Gegner hat gepaßt.

Antworter hat 0 bis 5 Figurenpunkte

Auch nach einer Unterfarben-Eröffnung Ihres Partners werden Sie mit 0-5 Figurenpunkten passen.

Antworter hat 6 oder mehr Figurenpunkte

Wir hatten festgestellt, daß nach einer **Oberfarben**-Eröffnung die Unterstützung der Partnerfarbe und das Erreichen eines Oberfarben-Vollspiels erste Priorität des Antworters ist. Man sollte nun vermuten, daß ebenso nach Eröffnung in einer Unterfarbe der Antworter mit 6 oder mehr FP und mindestens vier Karten in der angereizten Farbe ohne zu zögern die Partnerfarbe hebt. Das Ziel Vollspiel in einer Unterfarbe ist aber erst bei 5♣ bzw. 5♦ erreicht. Die Partner müßten für ein Vollspiel also elf Stiche gewinnen, und das ist natürlich erheblich schwerer als zehn Stiche (für Vollspiel in einer Oberfarbe) oder neun Stiche (für Vollspiel ohne Trumpf). Nach einer **Unterfarben**-Eröffnung gibt es deshalb für den Antworter andere Prioritäten. Mit mindestens 6 FP wird er, wenn immer möglich, **eine neue Farbe** nennen, auch wenn er die Farbe seines Partners unterstützen könnte.

Antworter reizt eine neue Farbe

Sehen wir uns dazu einige Beispiele an. Ihr Partner hat 1♦ eröffnet, und Sie halten:

♠ K1097	♠ D9	♠ KB1065	♠ 63
♥ 973	♥ B96	♥ AB74	♥ KD82
♦ KB532	♦ A9	♦ 73	♦ 103
♣ A	♣ KD7642	♣ 85	♣ AB976

Mit der ersten Hand haben Sie eine sehr gute Karo-Unterstützung und könnten versucht sein, 2♦ zu antworten. Dennoch sollten Sie, statt den Partner in seiner Unterfarbe zu heben, immer bemüht sein, eine neue Farbe, vor allem eine Oberfarbe, zu reizen. Sie haben ein 4er Pik und

sind in der Lage, diese Farbe auf der Einerstufe zu nennen. Ihr Partner könnte ja zwei reizbare Farben haben und mit der rangniedrigeren der zwei Farben eröffnet haben. Sein Blatt könnte von mittlerer Stärke (etwa 15/16 FP) und 4-3-4-2 verteilt sein, mit Karo und Pik als den beiden 4er Farben. Sie hätten dann gemeinsam 25/26 FP und sowohl einen Fit in Karo als auch in Pik. Pik wäre auf jeden Fall vorzuziehen, denn zur Erfüllung eines Vollspiels in Pik werden nur zehn Gewinnstiche, für Karo jedoch elf benötigt. Pik ist auch deshalb attraktiver, weil es für einen Oberfarbenstich mehr Punkte gibt als für einen Unterfarbenstich. Antworten Sie 1♠.
In der zweiten Hand ist Ihre einzige nennbare Farbe die andere Unterfarbe. Nach 1♦-Eröffnung können Sie jedoch Treff nicht auf der Einerstufe nennen. Sie sind stark genug, Ihre Farbe auf der Zweierstufe zu reizen. Antworten Sie 2♣.
In der dritten Hand stehen Ihnen zwei nennbare Oberfarben zur Verfügung. Antworten Sie mit der längeren Farbe: 1♠.
Auch in der vierten Hand sehen Sie zwei Farben, die Sie nennen können. Diesmal jedoch eine Ober- und eine Unterfarbe. Obwohl die Treff länger sind, müssen Sie der Oberfarbe den Vorzug geben: 1♥.

Antworter unterstützt die Unterfarbe des Partners

Gelegentlich werden Sie als Antworter nach einer Unterfarben-Eröffnung Ihres Partners Blätter mit mehr als 5 FP halten, mit denen Sie zwar die Farbe des Partners unterstützen, eine eigene Farbe aber nicht nennen können. Auch dafür einige Beispiele. Ihr Partner hat 1♣ angereizt, und Sie halten:

♠ 87	♠ D94	♠ A10
♥ DB6	♥ D10	♥ KB3
♦ K98	♦ 62	♦ DB9
♣ B8753	♣ ADB852	♣ K10872

Mit keinem Blatt besitzen Sie eine eigene nennbare (mindestens 4er) Farbe. Jedesmal aber können Sie die Farbe Ihres Partners unterstützen. Mit den 7 FP der ersten Hand heben Sie auf 2♣. Die 11 FP der zweiten Hand ermöglichen eine Hebung auf 3♣.
Interessant ist die dritte Hand. Sie ist stark und schließt eine 5er Unterstützung der Partnerfarbe ein. Hier wird der Unterschied zu Antworten

ten auf eine Oberfarben-Eröffnung deutlich. Mit 13 FP und Unterstützung der Partnerfarbe würden Sie nach einer Oberfarben-Anreizung auf 4 in dieser Farbe heben und hätten damit Vollspiel erreicht. Die Farbe Ihres Partners ist aber eine Unterfarbe. Würden Sie jetzt auf 4♣ heben, wäre das noch kein Vollspiel. Sie hätten aber 3SA, den möglicherweise einzigen Vollspiel-Kontrakt, den Sie gewinnen können, bereits übersprungen. Und ein unmittelbarer Sprung auf Vollspiel in Treff, auf 5♣, wäre sicher zu mutig, falls Ihr Partner schwach eröffnet hat und Sie gemeinsam nicht die für elf Stiche mindestens erforderlichen 28 FP besitzen. Sie sollten mit dieser Hand 3SA antworten, um damit in den Genuß der Vollspielprämie zu gelangen. Neun Stiche in Sans Atout zu gewinnen sind meist leichter als elf Stiche mit einer Unterfarbe als Trumpf.

Sehen Sie sich ein anderes Blatt an. Ihr Partner hat 1♦ eröffnet, und Sie halten:

♠ K10
♥ 73
♦ B986
♣ K10874

Sie stellen fest: 7 FP, keine nennbare Oberfarbe. Um Ihre längste Farbe, Treff, zu nennen, müßten Sie auf die Zweierstufe gehen. Dafür sind Sie nicht stark genug. Aber Sie halten ein 4er Karo, und da Sie keine auf der Einerstufe nennbare neue Farbe haben, werden Sie die Farbe Ihres Partners unterstützen. Antworten Sie 2♦.

Wenn Ihr Partner in einer **Unterfarbe** eröffnet und Sie keine eigene Farbe nennen, aber die Partnerfarbe unterstützen können, gilt folgendes:

0-5 FP	Passe
6-9 FP	Hebung der Partnerfarbe auf Zweierstufe
10-12 FP	Hebung der Partnerfarbe auf Dreierstufe
13+ FP	3SA

Antworter reizt Sans Atout

Wie verhalten Sie sich nun nach Unterfarben-Eröffnung Ihres Partners, wenn Sie zwar 6 oder mehr Figurenpunkte besitzen, aber keine eigene nennbare Oberfarbe (also nicht vier oder mehr Karten in einer Oberfarbe), und auch die Unterfarbe Ihres Partners nicht durch mindestens vier

Karten unterstützen können? Oder anders ausgedrückt: Was tun Sie mit einer ausgeglichenen Hand ohne 4er oder 5er Oberfarbe, wenn die einzige Farbe mit mehr als drei Karten die vom Partner nicht gereizte Unterfarbe ist? Drei Beispiele mögen das veranschaulichen.

Ihr Partner hat 1♦ eröffnet, und Sie halten:

♠ D102	♠ A94	♠ DB8
♥ AB3	♥ D85	♥ K104
♦ 96	♦ AB9	♦ 932
♣ D6542	♣ K862	♣ AB75

Jede dieser Hände ist ausgeglichen verteilt. Mit keinem Blatt halten Sie vier oder mehr Karten in einer Oberfarbe und auch nicht mindestens vier Karten in der vom Partner angereizten Unterfarbe.
Auf die Zweierstufe gehen, um Ihre Treff zu zeigen, können Sie mit den nur 9 FP in der ersten Hand nicht. 1SA ist die richtige Antwort.
Mit den 14 FP der zweiten Hand könnten Sie zwar Treff auf der Zweierstufe reizen. Sie wissen aber auch, daß Sie zusammen mit Ihrem Partner mindestens 26 FP besitzen, und das ist genug für Vollspiel in einer Oberfarbe oder Sans Atout. 3SA ist mit dieser ausgeglichenen Verteilung die logische Antwort.
Auch mit der dritten Hand könnten Sie Treff auf der Zweierstufe nennen. Aber mit Ihrem ausgeglichenen Blatt und 11 FP ist 2SA als einladendes Gebot die beste Antwort. Ihr Partner weiß dann, daß Ihre Hand ausgeglichen verteilt ist und Sie 10-12 FP haben. Er wird aufgrund seiner Hand zwischen Passe, Wiederholung seiner Farbe oder Hebung auf 3SA entscheiden können.
Haben Sie eine ausgeglichene Hand ohne nennbare Oberfarbe und ohne Unterstützung der angereizten Unterfarbe Ihres Partners, sollten Sie folgendermaßen antworten:

0-5 FP	Passe
6-9 FP	1SA
10-12 FP	2SA
13+ FP	3SA

Wenn Ihr Partner in einer Unterfarbe eröffnet hat, haben Sie also, wie wir gesehen haben, mit 6 oder mehr FP die Wahl zwischen Nennung einer eigenen Farbe (möglichst einer Oberfarbe), Hebung der Partnerfarbe oder Antwort in Sans Atout. Vorrang hat - im Gegensatz zur Antwort auf eine Oberfarben-Eröffnung - stets ein Gebot in einer neuen Farbe.

Zusammenfassung:

1. Nach Unterfarben-Eröffnung des Partners hat für den Antworter, sofern er mehr als 5 FP besitzt, die Nennung einer neuen Farbe Vorrang vor allen anderen Möglichkeiten.

2. Bei Nennung einer neuen Farbe reizt der Antworter seine längste Farbe auf der niedrigstmöglichen Stufe:

0-5 FP	Passe
6-9 FP	neue Farbe auf Einerstufe falls nicht möglich: 1SA
10+ FP	neue Farbe auf Einer- oder Zweierstufe

3. Kann der Antworter keine neue Farbe nennen und ist seine Hand ausgeglichen verteilt, reizt er nach Unterfarben-Eröffnung des Partners Sans Atout:

0-5 FP	Passe
6-9 FP	1SA
10-12 FP	2SA
13+ FP	3SA

4. Hat der Antworter nach Unterfarben-Eröffnung seines Partners eine unausgeglichene Hand ohne nennbare eigene Farbe, aber mit mindestens vier Karten in der Farbe des Partners, so hebt er die Partnerfarbe. Mit 13 oder mehr FP hebt er auf 3SA:

0-5 FP	Passe
6-9 FP	Hebung auf Zweierstufe
10-12 FP	Hebung auf Dreierstufe
13+ FP	3SA

Quiz 7

1. Was muß der Antworter als erstes überlegen, wenn sein Partner mit einer Oberfarbe eröffnet hat?

2. Was muß der Antworter als erstes überlegen, wenn sein Partner mit einer Unterfarbe eröffnet hat?

3. Ihr Partner hat 1♦ eröffnet. Was antworten Sie mit folgenden Händen:

a)	b)	c)	d)
♠ A643	♠ KB9	♠ DB32	♠ KD42
♥ KB2	♥ D543	♥ 107	♥ K8
♦ 8653	♦ B7	♦ 94	♦ 97
♣ A7	♣ 10853	♣ AB765	♣ AB973

e)	f)	g)
♠ 1096	♠ K108752	♠ 97
♥ 853	♥ 96	♥ 5
♦ 7	♦ AD8	♦ A974
♣ AD7643	♣ D6	♣ KDB964

4. Wie antworten Sie mit denselben Händen, wenn Ihr Partner 1♠ eröffnet hat?

5. Wie antworten Sie mit folgenden Händen, wenn Ihr Partner 1SA eröffnet hat:

a)	b)	c)	d)
♠ D95	♠ B95	♠ B95	♠ B95
♥ K87543	♥ A10	♥ D96	♥ AK1086
♦ 95	♦ KD973	♦ AK107	♦ D87
♣ B10	♣ A54	♣ D43	♣ A6

4. Das Rückgebot des Eröffners

Im nächsten Kapitel wollen wir uns mit dem zweiten Gebot des Eröffners beschäftigen, mit seinem Rückgebot. Dieses Rückgebot sollte der Eröffner bereits vor Abgabe seines ersten Gebots vorgeplant und bei seiner Entscheidung für eine Eröffnung berücksichtigt haben. Mögliche Gebote des Antworters sollten dabei bereits einkalkuliert sein. Schon für das erste Gebot muß sich der Eröffner vergewissert haben, ob seine Hand ausgeglichen ist oder nicht und (nach einer Farberöffnung) ob er beabsichtigt, in der zweiten Bietrunde seine Farbe zu wiederholen, eine zweite Farbe zu nennen oder Sans Atout zu reizen.
Nach ihrem ersten Gebot haben die Partner schon einen großen Schritt in Richtung auf den Endkontrakt getan. Manchmal steht nach Eröffnung und Antwort der Endkontrakt bereits fest. In vielen Fällen aber muß über Bereich und Denomination noch entschieden werden. Einer von beiden ist dann in der Regel Kapitän, der andere eher der beschreibende Helfer. Normalerweise ist der Eröffner derjenige, der seine Hand beschreibt. Der Antworter trifft dann aufgrund erhaltener Informationen die letzte Entscheidung. Allerdings gibt es auch Blätter, mit denen der Antworter die Verantwortung an den Eröffner abtritt. Das ist beispielsweise dann der Fall, wenn der Antworter ein einladendes Gebot oder ein Limit-Gebot abgegeben hat und dem Eröffner die Entscheidung zwischen Passe und einem weiteren Gebot oder zwischen Farbspiel und Sans Atout überläßt.
Wir werden im folgenden untersuchen, wie der Eröffner reagiert, wenn er mit einer Oberfarbe eröffnet hat und der Antworter

- diese Oberfarbe unterstützt oder
- Sans Atout antwortet

und wie der Eröffner reagiert, wenn nach seiner Farb-Eröffnung der Antworter

- eine neue Farbe nennt.

4.1 Antworter hat die Oberfarbe des Eröffners unterstützt

Nehmen wir an, Sie sind Eröffner und haben 1♠ angereizt. Nach einem Passe Ihres linken Gegners hören Sie von Ihrem Partner 2♠. Sie wissen

jetzt nicht nur, daß Ihr Partner mit Pik als Trumpffarbe einverstanden ist und mindestens vier Karten in dieser Farbe besitzt, sondern sind durch dieses Limit-Gebot auch genau über die Stärke Ihres Partners informiert. Sie wissen, er hat 6-9 Punkte, und addieren nun Ihre und seine Punkte. Für Ihr Rückgebot stehen Ihnen jetzt drei Möglichkeiten zur Verfügung:
Sind Sie davon überzeugt, daß Sie gemeinsam für ein Vollspiel zu schwach sind, werden Sie passen.
Reicht die Summe Ihrer Punkte und der Mindestpunktzahl Ihres Partners für Vollspiel aus, werden Sie unmittelbar auf 4♠ springen.
Sind Sie nicht sicher, ob Sie Vollspiel wagen oder nur einen Teilkontrakt spielen sollen, werden Sie auf 3♠ heben und dadurch Ihren Partner zur endgültigen Entscheidung einladen. Mit 6 oder 7 Punkten wird er daraufhin passen. Ist er stärker, kann er auf 4♠ heben.
Hat der Antworter Ihre Oberfarben-Eröffnung um eine Stufe gehoben, wird Ihr Rückgebot also normalerweise folgendermaßen lauten:

mit 12-15 FP	Passe
mit 16-18 FP	Hebung auf Dreierstufe
mit 19+ FP	Hebung auf Viererstufe

Gehen wir nun davon aus, daß Ihr Partner Sie nach Ihrer 1♠-Eröffnung durch ein Sprung-Gebot unterstützt hat, daß seine Antwort 3♠ lautete. Auch jetzt wissen Sie, daß Sie einen Pik-Fit gefunden haben. Entschieden werden muß aber noch, ob Sie im Teilkontrakt bleiben oder Vollspiel reizen können. Ihr Partner hat 10-12 Punkte signalisiert. Die Addition Ihrer Punkte und der Ihres Partners stellt Sie nun vor folgende Entscheidung:

mit 12-14 FP	Passe
mit 15+ FP	Hebung auf Viererstufe

Hierbei sollten Sie als Eröffner allerdings mit 14 FP in Ihrer Hand die Entscheidung zwischen Passe und Hebung auf Vollspiel davon abhängig machen, wie Ihre Hand verteilt ist und ob Ihr Blatt gute Mittelkarten (10en und 9en) enthält. Falls Ihr Partner 11 oder 12 Punkte hat, genügen oft schon 13 oder 14 Punkte in Ihrer Hand für Vollspiel.
Sollte Ihr Partner nach Ihrer Oberfarben-Eröffnung direkt in Vollspiel gesprungen sein, also unmittelbar 4♥ bzw. 4♠ gereizt haben, werden

Sie normalerweise passen, denn Sie erhalten die Prämie für ein Vollspiel unabhängig davon, ob Sie 4♥ oder 5♥ bzw. 4♠ oder 5♠ gereizt und gewonnen haben. In den seltenen Fällen, in denen Sie Möglichkeiten für einen Schlemm, also für zwölf oder 13 Stiche in der gereizten Oberfarbe sehen, sollten Sie weiterreizen. Darüber aber werden Sie in einem späteren Kapitel mehr erfahren.

4.2 Antworter hat Sans Atout gereizt

Ihr Partner hat auf Ihre 1♠-Eröffnung 1SA geantwortet. Durch sein SA-Gebot hat Ihr Partner ein Limit-Gebot abgegeben. Er hat mitgeteilt, daß er mindestens 6 und höchstens 9 FP besitzt und Ihre Oberfarbe nicht unterstützen kann. Häufig wird er eine ausgeglichen verteilte Hand haben. Je nach Stärke und Verteilung Ihrer Hand bleiben Ihnen nun drei Möglichkeiten, Ihre Hand weiter zu beschreiben:

- Ist Ihr Blatt ausgeglichen, sollten Sie in SA bleiben.
- Ist es unausgeglichen, können Sie Ihre Farbe wiederholen oder
- Ihrem Partner eine zweite Farbe als Trumpf vorschlagen, damit er zwischen beiden Farben entscheidet.

Wir wollen diese Möglichkeiten untersuchen und gehen zunächst davon aus, daß Sie mit **ausgeglichener** Hand eröffnet haben. Angenommen, Sie haben 1♥ eröffnet, Ihr Partner hat 1SA geantwortet, und Sie halten folgendes Blatt:

♠ DB95	♠ D108	♠ KD8
♥ A643	♥ KB75	♥ AKB4
♦ A94	♦ AB7	♦ A76
♣ A5	♣ AD6	♣ D95

Alle Hände sind ausgeglichen verteilt. Unterschiedlich sind sie aber hinsichtlich ihrer Figurenstärke. Die 15 FP Ihrer ersten Hand reichen zusammen mit den Punkten Ihres Partners für ein Vollspiel nicht aus. Sie werden deshalb passen.

Die 17 FP in Ihrer zweiten Hand würden für ein volles Spiel in Sans Atout ausreichen, falls Ihr Partner mit 8 oder 9 FP geantwortet hat. Hat er aber nur 6 oder 7 FP, sind Sie nur im Bereich eines Teilkontrakts. Um

beiden Möglichkeiten gerecht zu werden, sollten Sie 2SA reizen, damit Ihr Partner entsprechend seiner Stärke zwischen Passe und Hebung auf Vollspiel entscheiden kann.
Glücklicher sind Sie mit den 19 FP der dritten Hand. Vom Partner haben Sie erfahren, daß er 6-9 FP hat. Gemeinsam besitzen Sie also mindestens 25 FP, genug für Vollspiel in Sans Atout. Ihr Rückgebot lautet deshalb 3SA.
Hat Ihr Partner nach Ihrer Oberfarben-Eröffnung 1SA geantwortet, sollte Ihr Rückgebot, wenn Ihre Hand ausgeglichen verteilt ist, folgendermaßen lauten:

mit	12-16 FP	Passe
mit	17-18 FP	2SA
mit	19+ FP	3SA

Lassen Sie uns zu den drei letzten Beispielhänden zurückkehren. Gehen wir diesmal davon aus, daß Ihr Partner auf Ihre 1♥ Eröffnung nicht 1SA sondern 2SA geantwortet hat. Ihr Partner hat damit 10 -12 FP signalisiert. Sie werden natürlich ebenso verfahren wie nach einer 1SA-Antwort: Sie addieren Ihre FP und die Ihres Partners und entscheiden zwischen Passe und Hebung auf 3SA. Mit allen drei oben gezeigten Händen ergibt die Addition genügend Punkte für Vollspiel. Sie gehen deshalb jedesmal unmittelbar auf 3SA.
Hat Ihr Partner nach Ihrer Oberfarben-Eröffnung 2SA geantwortet, sollte Ihr Rückgebot, wenn Ihre Hand ausgeglichen verteilt ist, folgendermaßen lauten:

mit	12-14 FP	Passe
mit	15+ FP	3SA

Lassen Sie uns nun untersuchen, wie Ihr Rückgebot lautet, wenn Sie mit **unausgeglichener** Hand eine Oberfarbe eröffnet haben. Wieder haben Sie 1♥ angereizt. Wieder hat Ihr Partner 1SA geantwortet. Wie lautet Ihr Rückgebot mit diesen Händen:

♠ D96	♠ 97	♠ K6
♥ KDB64	♥ AD9753	♥ AK942
♦ AB85	♦ A10	♦ AK75
♣ 7	♣ AD5	♣ D10

Alle drei Hände sind unausgeglichen verteilt, mit entweder einem Singleton oder mehr als **einem** Doubleton. Vom Partner wissen Sie, daß er 6-9 FP hat und kein 4er Coeur besitzt. Sonst hätte er Ihre Farbe ja unterstützt. Auch sein Pik kann höchstens ein 3er Pik sein. Andernfalls hätte er 1♠ geantwortet.
Mit der ersten Hand und Ihren 13 FP wollen Sie, nachdem Ihr Partner 6-9 FP bekanntgegeben hat, auf jeden Fall in einem Teilkontrakt bleiben. Allerdings möchten Sie wegen Ihres Singleton in Treff einen SA-Kontrakt vermeiden. Da Ihr Partner Ihr Coeur nicht unterstützt hat, sollten Sie Ihre zweite Farbe nennen. Reizen Sie 2♦. Die Nennung einer zweiten, rangniedrigeren Farbe ist schon deshalb sinnvoll, weil dadurch dem Partner mitgeteilt werden kann, daß die zuerst genannte Farbe eine 5er Farbe ist. In diesem Fall informieren Sie Ihren Partner darüber, daß Ihr Coeur mindestens ein 5er Coeur ist. Wären Coeur und Karo 4er Farben, hätten Sie ja Karo eröffnen müssen. Mit zwei 5er oder 6er Farben hätten Sie die höhere Farbe zuerst gereizt. Hat Ihr Partner ein 3er Coeur, kann er nun Ihre Farbe unterstützen und 2♥ bieten. Gefällt ihm Karo besser, wird er auf Ihr Rückgebot passen.
Auch mit der zweiten Hand möchten Sie wegen Ihrer zwei Doubletons und der langen Farbe nicht in Sans Atout bleiben. Diesmal können Sie keine zweite Farbe anbieten, aber Ihr Coeur ist länger als Ihr Partner vermuten kann. Durch Ihr erstes Coeur-Gebot haben Sie lediglich ein 4er Coeur versprochen. Ihr Partner hat Coeur nicht unterstützt, weil er nicht vier Karten in Ihrer Farbe besitzt. Seine 1SA-Antwort schließt jedoch eine Hand mit einem 2er oder 3er Coeur nicht aus. Wenn Sie nun Ihre Farbe wiederholen, beschreiben Sie Ihre Hand genauer und signalisieren mindestens fünf Karten in Ihrer erstgenannten Farbe. Damit nicht genug! Sie möchten Ihrem Partner auch mitteilen, daß Sie nicht mit Minimum eröffnet haben. Sie haben 18 Punkte (16 FP und 2 LP für Ihr 6er Coeur). Statt 2♥ sollte Ihr Rückgebot deshalb mit dieser Hand 3♥ lauten.
Wie mit der ersten Hand besitzen Sie auch mit der dritten Hand eine nennbare zweite Farbe und können Ihrem Partner die Wahl der Farbe für den Endkontrakt überlassen. Diesmal aber sind Sie sehr stark und müssen das Ihrem Partner durch Sprung in die neue Farbe mitteilen. Reizen Sie 3♦. Ihr Partner erfährt dadurch, daß Ihr Coeur ein 5er Coeur ist und Sie 19 oder mehr Punkte haben.

Hat Ihr Partner nach Ihrer Oberfarben-Eröffnung 1SA geantwortet, sollten Sie, wenn Ihre Hand unausgeglichen verteilt ist, folgendermaßen vorgehen:

mit 12-15 Punkten	neue Farbe oder Wiederholung der ersten Farbe auf Zweierstufe
mit 16-18 Punkten	neue Farbe auf Zweierstufe oder Wiederholung der ersten Farbe auf Dreierstufe (Sprung)
mit 19+ Punkten	neue Farbe auf Dreierstufe (Sprung) oder Wiederholung der ersten Farbe auf Vollspielstufe

4.3 Antworter hat eine neue Farbe genannt

In den vorangegangenen Abschnitten hatten wir gesehen, daß der Antworter durch ein Limit-Gebot, nämlich durch Hebung der angereizten Oberfarbe oder durch Antwort in Sans Atout, seine Hand ziemlich genau beschreiben kann. Erheblich unklarer dagegen ist die Lage für Sie als Eröffner, wenn Ihr Partner eine neue Farbe nennt. Sie wissen dann nicht besonders viel. Ihr Partner kann 6 FP oder auch 18 oder mehr FP haben. Die von ihm genannte Farbe kann sehr lang sein oder auch nur eine von zwei 4er Farben.
Haben Sie beispielsweise 1♥ angereizt und Ihr Partner antwortet 1♠, wissen Sie nach dieser Antwort nur, daß Ihr Partner mehr als 5 FP besitzt, daß er weniger als vier Karten in Coeur hat und daß Pik mindestens eine 4er Farbe ist. Das ist zwar nicht wenig, aber eben nicht genug. Auf jeden Fall möchte Ihr Partner, daß Sie mindestens noch einmal reizen und Ihre Hand weiter beschreiben. Es ist wichtig, daß wir das nicht vergessen: **Durch Nennung einer neuen Farbe forciert der Antworter seinen Partner zur Weiterreizung. Der Eröffner darf jetzt nicht passen.**
Als Eröffner suchen Sie nun nach dem bestmöglichen Rückgebot. Ihr Hauptanliegen ist nach wie vor, einen Fit in einer Oberfarbe zu finden. Ist die von Ihrem Partner genannte Farbe eine Oberfarbe und halten Sie selbst mindestens vier Karten in dieser Farbe, ist Unterstützung dieser

neuen Farbe für Sie zwingend. Sie werden die Farbe des Partners Ihrer Stärke entsprechend auf die Zweier-, Dreier- oder Viererstufe heben. Dabei sollten Sie nicht vergessen, für Chicane, Singleton und Doubleton Ihre Dummypunkte zu berücksichtigen, denn nun wird voraussichtlich ja er der Alleinspieler und Sie der Dummy. Sehen wir uns in diesem Zusammenhang einige Hände an. Sie haben 1♥ eröffnet, Ihr Partner hat 1♠ geantwortet. Wie lautet Ihr Rückgebot mit folgenden Händen:

♠ B1086	♠ AB92	♠ KD97
♥ KB984	♥ A8653	♥ AD964
♦ 95	♦ 6	♦ -
♣ AK	♣ KD7	♣ AD83

Mit jeder Hand können Sie die Partnerfarbe unterstützen. Sie haben somit einen Oberfarben-Fit gefunden.
Mit den 12 FP in der ersten Hand sind Sie nicht besonders stark. Auch die 2 DP für die beiden Doubletons bringen Sie nicht viel weiter. Passen dürfen Sie jedoch nicht. Ihr Partner hat eine neue Farbe gereizt, und das zwingt Sie zu mindestens einem weiteren Gebot. Ihr Partner könnte ja eine starke Hand besitzen. Ihr Rückgebot lautet 2♠.
Die zweite Hand bietet mehr: 14 FP und 3 DP für das Singleton in Karo. Mit insgesamt 17 Punkten können Sie bedenkenlos auf 3♠ heben.
Noch stärker ist Ihre dritte Hand. Auch wenn Ihr Partner nur 6 FP besitzt, sind Sie mit seinen Punkten und Ihren 22 Punkten (17 FP + 5 DP) im Vollspielbereich. Springen Sie auf 4♠.
Können Sie als Eröffner die Oberfarbe des Partners unterstützen, gilt für Ihr Rückgebot folgendes:

mit 12-15 Punkten (FP+DP) Hebung der Partnerfarbe auf Zweierstufe
mit 16-18 Punkten (FP+DP) Hebung der Partnerfarbe auf Dreierstufe
mit 19+ Punkten (FP+DP) Hebung auf Vollspielstufe

Können Sie die Oberfarbe Ihres Partners nicht unterstützen, gibt es für Ihr Rückgebot weitere Möglichkeiten, abhängig davon, ob Ihre Hand ausgeglichen ist oder nicht. Lassen Sie uns zunächst davon ausgehen, daß Ihr Blatt ausgeglichen verteilt ist. Sie haben 1♦ eröffnet, und Ihr Partner hat 1♥ geantwortet. Wie lautet Ihr Rückgebot?

♠ D9	♠ AD2	♠ A105
♥ D108	♥ A106	♥ KD4
♦ AK987	♦ KDB3	♦ ADB6
♣ AB6	♣ D107	♣ K82

Drei ausgeglichene Blätter ohne Möglichkeit, die Partnerfarbe zu unterstützen. Trotz der Ausgeglichenheit konnten Sie mit keiner Hand 1SA eröffnen, weil Sie dafür zu stark sind. Sie erinnern sich: Voraussetzung für eine 1SA-Eröffnung sind ausgeglichene Verteilung und 12-14 FP. Mit diesen Händen mußten Sie jedesmal 1♦ anreizen, die einzige nennbare Farbe in Ihren Händen. Über die Stärke und die ausgeglichene Verteilung Ihres Blattes können Sie den Partner nun durch Ihr zweites Gebot informieren. Das Rückgebot Sans Atout auf der Ihrer Punktstärke entsprechenden Stufe drückt beides zusammen aus.
Durch das Rückgebot 1SA mit der ersten Hand erfährt Ihr Partner alles: ausgeglichene Verteilung und 15-16 FP.
Mit der zweiten Hand lautet Ihr Rückgebot 2SA. Das beschreibt eine ausgeglichene Hand mit 17-18 FP.
Mit der dritten Hand springen Sie sofort in Vollspiel: 3SA. Dieses Rückgebot zeigt ausgeglichene Verteilung und 19 oder mehr FP. Zusammen mit den Punkten Ihres Partners, der ja für seine Antwort mindestens 6 FP benötigte, sind Sie stark genug für Vollspiel in Sans Atout.
Nehmen wir nun an, Ihr Partner hat auf Ihre 1♦-Eröffnung nicht 1♥ sondern 2♣ geantwortet. Wie würde Ihr Rückgebot mit denselben Händen jetzt aussehen?
Da Ihr Partner auf der Zweierstufe geantwortet und mindestens 10 FP gezeigt hat, würden Sie mit allen drei Händen bedenkenlos auf 3SA gehen.
Können Sie als Eröffner die Oberfarbe des Antworters nicht unterstützen und ist Ihre Hand ausgeglichen, gilt für Ihr Rückgebot folgendes:

mit 15-16 FP	Rückgebot in SA auf niedrigster Stufe
mit 17-18 FP	Rückgebot in SA im Sprung
mit 19+ FP	Rückgebot in SA auf Vollspielstufe

Sehen Sie sich nun die folgenden Blätter an. Sie haben 1♥ eröffnet, Ihr Partner hat 1♠ geantwortet. Wie lautet Ihr Rückgebot?

♠ D3	♠ B7	♠ 6
♥ ADB632	♥ KD987	♥ ADB974
♦ 107	♦ 93	♦ AB10
♣ K53	♣ AK108	♣ K85

Sie werden sofort bemerken, daß Sie mit keiner Hand die Farbe des Antworters unterstützen können. Auch Sans Atout kommt als Rückgebot nicht in Frage, denn die Hände sind unausgeglichen verteilt.Für Ihr Rückgebot bleiben Ihnen noch zwei weitere Möglichkeiten: Nennung einer neuen Farbe (die natürlich mindestens eine 4er Farbe sein muß) oder aber Wiederholung Ihrer ersten Farbe. Dafür allerdings muß diese Farbe mindestens eine 5er Farbe sein.

Mit der ersten Hand bleibt Ihnen keine Wahl. Sie können weder die Farbe Ihres Partners unterstützen noch SA reizen noch eine zweite Farbe nennen. Also müssen Sie Ihre 6er Farbe wiederholen. Mit Ihrer Minimalstärke von 12 FP sollten Sie das trotz der guten 6er Länge auf der niedrigsten Stufe tun: 2♥. Jetzt weiß Ihr Partner, daß Sie mit Minimum eröffnet haben, seine Farbe nicht unterstützen können und Ihr Blatt unausgeglichen verteilt ist. Durch Wiederholung Ihrer Farbe ist er aber auch darüber informiert, daß Sie mindestens mit einer 5er Farbe eröffnet haben. Er könnte nun, falls er ein 3er Coeur hat, Ihre Farbe unterstützen.

Auch mit der zweiten Hand können Sie Ihren Partner nicht unterstützen. Ein SA-Rückgebot kommt ebenfalls nicht in Frage. Aber Sie haben eine zweite nennbare (d.h. mindestens 4er) Farbe, die Ihrem Partner vielleicht angenehmer ist als die erstgenannte. Reizen Sie 2♣. Daß Sie dadurch Ihrem Partner auch eine 5er Länge in der erstgenannten Farbe signalisieren, haben Sie sicher bemerkt.

Die dritte Hand bietet ebenfalls keine Möglichkeit, die Farbe des Antworters zu unterstützen. Ein SA-Rückgebot ist nicht möglich, und auch eine zweite Farbe können Sie nicht anbieten. Sie müssen auch mit diesem Blatt Ihre Farbe wiederholen. Aber diesmal sind Sie stärker als mit der ersten Hand. 15 FP und 2 LP für Ihr 6er Coeur genügen für einen Sprung in Ihrer Farbe. Reizen Sie 3♥. Damit haben Sie Ihrem Partner Länge der Farbe und Stärke Ihrer Hand genau beschrieben.

Für Ihr Rückgebot nach eigener Eröffnung auf der Einerstufe und Antwort des Partners in einer neuen Farbe ergeben sich demzufolge diese Prioritäten:

1. Unterstützung der Oberfarbe des Antworters
2. SA-Rückgebot (mit ausgeglichener Hand)
3. Neue Farbe (mit unausgeglichener Hand)
4. Wiederholung der eigenen Farbe (mind. 5er Farbe)

Oberste Priorität ist stets ein Fit in einer Oberfarbe. Deshalb ist die Unterstützung der Farbe des Partners zwingend, wenn er in einer Oberfarbe geantwortet hat und Sie mindestens vier Karten in dieser Farbe halten. Nur wenn das nicht möglich ist, kommen für Ihr Rückgebot Sans Atout oder Nennung einer neuen Farbe in Frage. Erst wenn auch diese Möglichkeiten ausscheiden, sollte die eigene Farbe wiederholt werden, die dann allerdings mindestens eine 5er Farbe sein muß.

Zusammenfassung:

1. Hat der Antworter die Oberfarbe des Eröffners um eine Stufe gehoben (1♥-2♥ bzw. 1♠-2♠),lautet das Rückgebot des Eröffners:

mit 12-15 FP	Passe
mit 16-18 FP	Hebung auf Dreierstufe
mit 19+ FP	Hebung auf Viererstufe

Hat der Antworter die Oberfarbe des Eröffners um zwei Stufen gehoben (1♥– 3♥ bzw. 1♠-3♠), lautet das Rückgebot des Eröffners:

mit 12-14 FP	Passe
mit 15+ FP	Hebung auf Viererstufe

2. Hat der Eröffner eine Oberfarbe angereizt und sein Partner 1SA geantwortet, lautet das Rückgebot des Eröffners bei **ausgeglichener** Hand:

mit 12-16 FP	Passe
mit 17-18 FP	2SA
mit 19+ FP	3SA

Hat der Partner 2SA geantwortet, lautet das Rückgebot des Eröffners:

mit 12-14 FP	Passe
mit 15+ FP	3SA

3. Hat der Eröffner eine Oberfarbe angereizt und sein Partner 1SA geantwortet, lautet das Rückgebot des Eröffners bei **unausgeglichener** Hand:

mit 12-15 FP	neue Farbe oder Wiederholung der ersten Farbe auf Zweierstufe
mit 16-18 FP	neue Farbe auf Zweierstufe oder Wiederholung der ersten Farbe auf Dreierstufe
mit 19+ FP	neue Farbe auf Dreierstufe oder Wiederholung der ersten Farbe auf Vollspielstufe

4. Hat der Antworter auf eine Farb-Eröffnung seines Partners eine neue Farbe gereizt, so ist der Eröffner zu mindestens einem weiteren Gebot verpflichtet.

5. Für das Rückgebot des Eröffners ergeben sich folgende Prioritäten:
   - Unterstützung der Farbe des Antworters, falls diese Farbe eine Oberfarbe ist
   - SA-Rückgebot (mit ausgeglichener Hand)
   - Neue Farbe (mit unausgeglichener Hand)
   - Wiederholung der eigenen Farbe (mind. 5er Farbe)

6. Antwortet der Partner mit einer Oberfarbe, so hat für das Rückgebot des Eröffners die Unterstützung der Partnerfarbe Vorrang vor allen anderen Möglichkeiten.

7. Hat der Eröffner mit unausgeglichen verteilter Hand eröffnet und sein Partner in einer neuen Farbe geantwortet, die der Eröffner nicht unterstützen kann, gibt es für sein Rückgebot zwei Alternativen: neue Farbe oder Wiederholung seiner ersten Farbe. Seine erste Farbe kann er jedoch nur wiederholen, wenn er mindestens fünf Karten in dieser Farbe hält. Sein Rückgebot lautet:

mit 12-15 FP	neue Farbe oder Wiederholung der ersten Farbe auf Zweierstufe
mit 16-18 FP	neue Farbe auf Zweierstufe oder Wiederholung der ersten Farbe auf Dreierstufe, falls diese eine 6er Farbe ist
mit 19+ FP	neue Farbe auf Dreierstufe oder Wiederholung der ersten Farbe auf Vollspielstufe

Quiz 8

1. Sie haben 1♥ eröffnet. Ihr Partner hat auf 2♥ gehoben. Wie lautet Ihr Rückgebot mit folgenden Blättern:

a)	b)	c)
♠ A8	♠ 98	♠ 7
♥ KB965	♥ AD8654	♥ AD752
♦ DB	♦ AD9	♦ KB1096
♣ D1064	♣ DB	♣ AK

2. Sie haben 1♦ eröffnet. Ihr Partner hat 1♠ geantwortet. Wie lautet Ihr Rückgebot mit folgenden Händen:

a)	b)	c)
♠ A973	♠ AD	♠ DB
♥ 86	♥ KB5	♥ K87
♦ KDB85	♦ AD10875	♦ AD1043
♣ DB	♣ 82	♣ K97

3. Sie haben 1♣ eröffnet. Ihr Partner hat 1SA geantwortet. Wie lautet Ihr Rückgebot mit folgenden Händen:

a)	b)	c)
♠ A8	♠ AD9	♠ AD8
♥ D1097	♥ KD2	♥ A85
♦ 6	♦ A3	♦ B107
♣ AD9653	♣ KB1054	♣ A976

5. Das Rückgebot des Antworters

Der Antworter hat von seinem Partner zwei Gebote gehört und sollte nun ein einigermaßen klares Bild von der Hand seines Partners besitzen. Durch das erste Gebot und das Rückgebot des Eröffners sowie aufgrund seiner eigenen Hand weiß der Antworter jetzt, ob die Partner einen Teilkontrakt, ein Vollspiel oder einen Schlemm spielen werden und ob ein Farbfit existiert oder Sans Atout die bessere Denomination ist. Er ist vom Partner auch darüber informiert worden, ob dessen Hand ausgeglichen verteilt ist oder nicht und ob sie schwach, von mittlerer Stärke oder stark ist. Alle diese erhaltenen Informationen sollte der Antworter nun als Grundlage für sein eigenes Rückgebot verwenden. In vielen Fällen wird dann das Rückgebot des Antworters gleichbedeutend sein mit dem Endkontrakt.

5.1 Eröffner hat ein schwaches Blatt gezeigt

Zunächst untersuchen wir, durch welche Bietfolgen der Antworter erfahren haben kann, daß sein Partner ein schwaches Blatt besitzt und wie er auf diese Information reagieren soll.

Eröffner	Antworter
1♥	1♠
2♠	?

Nehmen wir an, Sie sind Antworter. Über welche Informationen verfügen Sie jetzt? Sie wissen, daß Ihr Partner (der Eröffner) vier oder mehr Karten in Coeur, der von ihm zuerst genannten Farbe, besitzt und ebenso mindestens ein 4er Pik, mit dem er Ihre Farbe unterstützt hat. Durch sein Rückgebot ist Farbübereinstimmung, ein Farbfit, in Pik gefunden. Außerdem hat der Eröffner durch Hebung Ihrer Farbe auf die Zweierstufe aber auch Minimalstärke signalisiert, 12-15 FP. Sie müssen jetzt nur noch entscheiden, ob Sie und Ihr Partner mit Pik als Trumpffarbe einen Teilkontrakt spielen sollen oder auf Vollspiel gehen können. Das hängt von Ihrem Blatt ab. Vergleichen Sie dazu drei Hände:

♠ D1085	♠ A9652	♠ K10543
♥ K4	♥ K8	♥ AB
♦ 9865	♦ K7	♦ D102
♣ B93	♣ B876	♣ A93

Ihr Partner hat Farbübereinstimmung signalisiert. Sie haben einen Oberfarben-Fit gefunden. In der ersten Hand sehen Sie aber nur 6 FP. Deshalb müssen Sie, da Ihr Partner durch sein Rückgebot minimale Eröffnungsstärke gezeigt hat, im Teilkontrakt-Bereich bleiben. Passen Sie!
Ihre zweite Hand ist bedeutend stärker. Sie haben 11 FP und können für die fünfte Karte in Pik einen zusätzlichen Punkt hinzuzählen. Ob Vollspiel oder Teilkontrakt, hängt ab von der Stärke des Eröffners, von dem Sie wissen, daß er mindestens 12 und höchstens 15 Punkte besitzt. Ihr Rückgebot sollte ein einladendes Gebot sein. Reizen Sie 3♠ und lassen Sie Ihren Partner entscheiden. Liegt seine Stärke im oberen Punktbereich seiner 12-15 Punkte, wird er auf Vollspiel heben. Mit nur 12 oder 13 FP wird er nach Ihrem 3♠ passen, und Sie werden einen Teilkontrakt spielen.
Mit Ihrer dritten Hand können Sie sofort entscheiden. Auch wenn Ihr Partner nur 12 FP mitbringt, sind Sie mit Ihren gemeinsamen Händen stark genug für Vollspiel. Ihr Rückgebot ist 4♠.

Eröffner	Antworter
1♥	1♠
2♥	?

Auch in dieser Bietfolge zeigt der Eröffner eine schwache Hand. Er hat höchstens 15 FP, konnte aber diesmal Ihre Farbe nicht unterstützen. Ihr Partner besitzt also bestenfalls ein 3er Pik. Da sein Rückgebot nicht SA lautet, muß seine Hand unausgeglichen verteilt sein. Er nennt keine zweite Farbe, sondern wiederholt Coeur und signalisiert dadurch mindestens ein 5er Coeur. Wie lautet mit den folgenden Blättern Ihr Rückgebot?

♠ K9864	♠ A8632	♠ AB765
♥ B5	♥ K94	♥ A102
♦ D84	♦ 83	♦ A9
♣ B108	♣ K83	♣ 954

In Ihrer ersten Hand errechnen Sie nur 7 FP und 1 LP für die 5er Farbe. Mit dem vom Partner signalisierten Minimum müssen Sie im Teilkontrakt-Bereich bleiben. Ihr Partner hat mindestens fünf Karten in Coeur. Sie können zwar Coeur nicht unterstützen, können ihm aber außer Pik, was ihm nicht zusagte, nichts anbieten. Ein SA-Kontrakt kommt auch kaum in Frage, denn Ihr Partner hat eine unausgeglichene Hand mit einem längeren Coeur gezeigt. Auch wenn Ihr Partner nur ein 5er Coeur und Sie gemeinsam nur sieben Karten in dieser Farbe haben sollten, ist der beste Teilkontrakt offensichtlich 2♥. Also passen Sie.
Die zweite Hand bringt Ihnen 11 Punkte (10 FP + 1 LP für die 5er Farbe oder 1 DP für ein Doubleton, wenn Sie sich in einem Coeur-Kontrakt als Dummy sehen). Sie liegen damit im Bereich 10 -12 Punkte und wissen auch, daß Sie mit Ihren drei Karten in Coeur mindestens einen 8er Fit in dieser Farbe gefunden haben. Ein einladendes Gebot ist hier angebracht: 3♥. Wenn Ihr Partner mit 12 oder 13 Punkten eröffnet hat, wird er die Einladung ablehnen und passen. Hat er mehr, wird er auf Vollspiel gehen.
Durch Ihr 3er Coeur haben Sie auch mit der dritten Hand einen Farbfit gefunden. Diesmal sind Sie stark genug für Vollspiel. Ihr Rückgebot lautet 4♥.

Eröffner	Antworter
1♥	1♠
1SA	?

Ihr Partner hat Ihnen durch seine Eröffnung und sein Rückgebot eine Menge mitgeteilt: er hat eine ausgeglichene Hand, zu stark für eine 1SA-Eröffnung, zu schwach für ein 2SA-Rückgebot,und er besitzt mindestens vier Karten in Coeur. Da er Ihr Pik nicht unterstützt hat, kann sein Pik höchstens ein 3er Pik sein. Und er hat sehr genau seine Punktstärke definiert: Farbanreizung mit 1SA-Rückgebot zeigt 15-16 FP. Mit diesen Informationen sollte es Ihnen nicht schwer fallen, durch Ihr Rückgebot den Endkontrakt festzulegen. Sehen Sie sich dazu folgende Hände an:

♠ D109754	♠ AKB854	♠ A854
♥ B5	♥ 98	♥ D63
♦ K32	♦ D10	♦ A964
♣ 64	♣ B62	♣ K8

In Ihrem ersten Blatt zählen Sie 8 Punkte (6 FP + 2 LP für die 6er Farbe). Mit den 15-16 FP Ihres Partners erreichen Sie die für Vollspiel nötige Punktzahl nicht. Sie müssen einen Teilkontrakt spielen. Mit einer ausgeglichenen Hand könnten Sie passen, so daß Ihr Partner 1SA spielt. Ihr Blatt ist aber unausgeglichen verteilt, und da das Rückgebot Ihres Partners 1SA lautete, wissen Sie, daß Sie bei ihm mit mindestens zwei Karten in Pik rechnen können, womit Sie einen 8er Fit haben. Ihr Rückgebot muß also 2♠ lauten, worauf Ihr Partner passen wird.
Mit den 13 Punkten (11 FP + 2 LP) in Ihrer zweiten Hand sind Sie nach dem Rückgebot Ihres Partners im Vollspielbereich. Wieder ist Ihr Blatt unausgeglichen mit einem 6er Pik. Farbspiel ist deshalb besser als Sans Atout. Ihr Partner bringt zwei oder mehr Karten in Pik mit. Also lautet Ihr Rückgebot 4♠.
Auch mit der dritten Hand sind Sie stark genug für Vollspiel. Ihre Hand ist aber ausgeglichen, und Ihr Partner hat durch sein Rückgebot ein ausgeglichenes Blatt und 15-16 FP angezeigt. 3SA ist das richtige Gebot.

Mit einer sehr unterschiedlichen Situation sehen Sie sich als Antworter in der folgenden Bietfolge konfrontiert:

Eröffner	Antworter
1♥	1♠
2♦	?

Ihr Partner hat auf der Zweierstufe eine neue Farbe gereizt, und diese Farbe ist **rangniedriger als die erstgenannte Farbe**. Sein Rückgebot hat weder Ihre Farbe unterstützt noch seine eigene Farbe wiederholt noch durch ein SA-Gebot eine ausgeglichene Hand angezeigt. Durch Nennung seiner zweiten, rangniedrigeren Farbe will der Eröffner die Entscheidung über die Trumpffarbe Ihnen überlassen. Sie sollen entweder Karo stehen lassen oder auf Coeur **"ausbessern"**. Sie werden sich erinnern, daß der Eröffner immer seine längste Farbe zuerst bietet. Bei zwei 4er Farben beginnt er mit der rangniedrigeren, bei zwei 5er Farben mit der höheren. In der oben gezeigten Bietfolge muß der Eröffner ein 5er Coeur haben. Wären Coeur und Karo 4er Farben, hätte er Karo zuerst genannt. Der Eröffner muß demzufolge entweder mit einem 5er Coeur und einem 4er Karo oder mit zwei 5er Farben eröffnet haben. Halten Sie nun genau so viele Karten in den beiden vom

Partner gereizten Farben, sollten Sie deshalb seine erstgenannte Farbe unterstützen; sie sollten in diesem Fall auf Coeur "ausbessern", und das können Sie tun, ohne auf die Dreierstufe gehen zu müssen. Wenn Ihnen keine von beiden Farben gefällt, müssen Sie als Antworter natürlich nach einem Ausweg suchen: Wiederholung Ihrer eigenen Farbe oder SA-Rückgebot.

Über die Punktstärke gibt das Rückgebot Ihres Partners in unserem Beispiel keine genaue Auskunft. Die Nennung einer zweiten Farbe auf niedrigster Stufe ist nicht notwendigerweise ein Zeichen von Stärke. Die oben dargestellte Bietfolge 1♥ - 1♠ - 2♦ kann beim Eröffner sowohl eine Hand von mittlerer Stärke zeigen als auch einen Zweifärber mit Minimalstärke. Um sicher zu gehen, müssen Sie bei Ihren Überlegungen also davon ausgehen, daß Ihr Partner mit Minimalstärke eröffnet hat. Wie lautet Ihr Rückgebot mit folgenden Händen:

♠ DB103	♠ AD105	♠ KDB5
♥ B74	♥ 86	♥ D10
♦ K92	♦ AB87	♦ D108
♣ B73	♣ 763	♣ A1096

Die 8 FP Ihrer ersten Hand lassen vermuten, daß Sie und Ihr Partner in einem Teilkontrakt bleiben müssen. In beiden von ihm genannten Farben halten Sie drei Karten. Da bei dieser Bietfolge die erste Farbe mindestens eine 5er Farbe ist, sollten Sie auf 2♥ ausbessern.

Mit der zweiten Hand ist Ihnen die zweite Farbe Ihres Partners wesentlich angenehmer. Die 11 FP veranlassen Sie zu einem einladenden Gebot: 3♦. Hat Ihr Partner mit einem schwachen Blatt eröffnet, kann er im Teilkontrakt bleiben und passen. Mit einer stärkeren Hand kann er weiterreizen.

Die 14 FP der dritten Hand reichen für Vollspiel aus. Da Ihnen keine der beiden vom Partner vorgeschlagenen Farben besonders zusagt, ist 3SA Ihr bestes Rückgebot, zumal Sie in beiden vom Partner nicht genannten Farben Deckung haben.

5.2 Eröffner hat ein Blatt mittlerer Stärke gezeigt

5.2.1 Sprungreizung

Wenden wir uns jetzt Bietfolgen zu, bei denen das Rückgebot des Eröffners mehr als nur minimale Eröffnungsstärke verspricht:

Eröffner	Antworter
1♥	1♠
3♥	?

In dieser Bietfolge hat Ihr Partner seine Eröffnungsfarbe nicht auf der nächsthöheren Stufe sondern im Sprung wiederholt. Sein Rückgebot zeigt dadurch neben unausgeglichener Verteilung mehr als nur Minimalstärke (etwa 16 -18 FP) und mindestens sechs Karten in Coeur. Ihr Rückgebot als Antworter muß auf diesem Kenntnisstand aufbauen.

♠ K1096	♠ K9753	♠ KB98
♥ 97	♥ A87	♥ 8
♦ DB62	♦ K10	♦ AD82
♣ 963	♣ 843	♣ B1087

Ihr Partner ist bei seinem Rückgebot auf 3♥ gesprungen. Das verrät mehr als nur Minimum und ist ein einladendes Gebot. Dennoch forciert das nicht. Mit der ersten Hand sollten Sie, obwohl Sie zwei Karten zu der starken Farbe Ihres Partners beisteuern können und damit einen Fit gefunden haben, die Einladung zur Weiterreizung ablehnen und passen. Mit 6 FP sind Sie zu schwach.

Mit Ihren 10 FP in der zweiten Hand sind Sie stark genug für ein volles Spiel, auch wenn Ihr Partner nur 16 FP haben sollte. Für sein 6er Coeur haben Sie eine hervorragende Unterstützung. Ihr Rückgebot lautet 4♥.

Mit der dritten Hand können Sie die Partnerfarbe nicht unterstützen. Die gemeinsame Stärke, Ihre 11 FP und die mindestens16 FP Ihres Partners, aber reicht für Vollspiel aus. Da Ihre schwache Farbe vom Partner abgedeckt wird, ist 3SA der beste Kontrakt.

Wie würde Ihr Rückgebot mit denselben Händen lauten, wenn die Auktion so verlaufen wäre:

Eröffner	Antworter
1♥	1♠
3♠	?

Wieder hat Ihr Partner durch sein Rückgebot im Sprung eine mittelstarke Hand mit mindestens 16 Punkten versprochen. Darüber hinaus hat er Ihnen aber auch 4er Unterstützung für Ihre Pikfarbe angezeigt. Mit der ersten Hand werden Sie passen und 3♠ spielen.
Mit den beiden anderen Händen werden Sie jedoch ohne Bedenken auf Vollspiel gehen: 4♠.

Auch in dieser Bietfolge hat der Eröffner durch Sprungreizung mittlere Stärke signalisiert:

Eröffner	Antworter
1♥	1♠
2SA	?

Durch Eröffnungsgebot und Rückgebot hat Ihr Partner seine Hand sehr genau beschrieben: ausgeglichene Verteilung, Coeur als längste Farbe und 17-18 FP. Jetzt können Sie meist schon mit 8 FP auf Vollspiel gehen. Mit weniger Punkten werden Sie passen oder, falls Sie ein sehr unausgeglichenes Blatt mit einer 6er oder längeren Farbe haben, diese Farbe auf der Dreierstufe reizen. Lassen Sie uns auch diesmal die oben gezeigten Hände für Ihr Rückgebot zugrunde legen. Um Ihnen die Übersicht zu erleichtern, hier noch einmal diese Hände:

♠ K1096	♠ K9753	♠ KB98
♥ 97	♥ A87	♥ 8
♦ DB62	♦ K10	♦ AD82
♣ 963	♣ 843	♣ B1087

Mit Ihrer ersten Hand und den 17-18 FP Ihres Partners erreichen Sie die für ein Vollspiel erforderliche Punktstärke nicht. Auf die 2SA Ihres Partners werden Sie deshalb passen.
Die Stärke der beiden anderen Hände dagegen erlaubt Ihnen, auf 3SA zu heben.

5.2.2 Reverse-Reizung

Auch in den folgenden Bietsequenzen hat der Eröffner durch sein Rückgebot mehr als Minimalstärke gezeigt:

Eröffner	Antworter	Eröffner	Antworter	Eröffner	Antworter
1♣	1♥	1♦	1♠	1♥	2♣
2♦		2♥		2♠	

Seine größere Stärke hat der Eröffner in diesen Bietfolgen nicht durch ein Sprunggebot gezeigt, sondern durch Rückgebot einer neuen Farbe **auf der Zweierstufe**, wobei die zweite Farbe **ranghöher als die erstgenannte Farbe** ist. Diese Folge von Erstgebot und Rückgebot nennt man "**Reverse**". Anders ausgedrückt und leichter zu erfassen: Ein Reverse liegt immer dann vor, wenn der Eröffner zwei Farben in so einer Reihenfolge gereizt hat, daß sein Partner, will er der erstgenannten Farbe den Vorzug geben (möchte er also auf die erstgenannte Farbe ausbessern), das nicht unterhalb der Dreierstufe tun kann. Voraussetzung für eine Reverse-Reizung des Eröffners sind mindestens fünf Karten in der ersten Farbe und mindestens 16 Figurenpunkte.
In jeder dieser Bietfolgen hat der Eröffner durch seine Reverse-Reizung also eine Menge signalisiert: mindestens 16 FP, mindestens eine 5er Länge in der erstgenannten Farbe, mindestens vier Karten in seiner zweiten Farbe und wahrscheinlich kein Interesse an der Farbe des Antwortenden. Mit 9-10 Punkten ist der Antworter mit Sicherheit im Vollspielbereich, und schon mit drei Karten in Coeur hat er in der dritten Bietfolge einen Oberfarbenfit.

5.3 Eröffner hat ein starkes Blatt gezeigt

Hat der Eröffner eine starke Hand und will er seine Stärke dem Partner durch sein Rückgebot mitteilen, so kann er das durch sein Rückgebot mit Sprung in eine neue Farbe (z.B. 1♥ - 1♠ - 3♦ oder 1♠ - 1SA - 3♥). Voraussetzung dafür ist natürlich, daß er über zwei reizbare Farben verfügt. Mit einer ausgeglichenen Hand zeigt er Stärke, wie wir bereits gesehen haben, durch Doppelsprung in Sans Atout (1♥ - 1♠ - 3SA). Ein Sprung-Gebot in eine neue Farbe zeigt 19 oder mehr FP und forciert zu Vollspiel, was sich ja auch daraus ergibt, daß der Partner des

Eröffners nicht gepaßt, sondern ein Gebot abgegeben hat und demzufolge über mindestens 6 FP verfügen muß.
Nehmen wir an, die Reizung verlief folgendermaßen:

Eröffner	Antworter
1♥	1♠
3♦	?

Sie sind Antworter und haben folgende Hände:

♠ KDB7	♠ KD97
♥ 86	♥ D86
♦ 1084	♦ 84
♣ K1096	♣ B1096

Ihr Partner ist in seine zweite Farbe gesprungen und zeigt dadurch mindestens 19 FP. Er hat forciert, und Sie dürfen, wie Sie wissen, darauf nicht passen, auch wenn Sie nur mit 6 FP auf sein Eröffnungsgebot geantwortet hätten. In Ihren schwachen Farben Coeur und Karo ist Ihr Partner stark und hat in diesen beiden Farben mindestens eine 5-4 Verteilung.
Ein Fit in Coeur ist mit Ihrem ersten Blatt nicht vorhanden. Aber die beiden vom Partner nicht gereizten Farben, Pik und Treff, decken Sie ab. In diesen Farben haben Sie **"Stopper"**. Ihr Rückgebot mit der ersten Hand lautet deshalb 3SA.
Sehen wir uns die zweite Hand an. Ihre Treff-Deckung ist schwächer. 3SA wäre deshalb nicht so gut. Aber Sie haben ein 3er Coeur. Nach dem Rückgebot Ihres Partners wissen Sie, daß sein Coeur mindestens ein 5er Coeur ist. 4♥ ist der beste Kontrakt.

Zusammenfassung:

1. Das Rückgebot des Eröffners zeigt Minimalstärke durch:

   - Wiederholung der eigenen Farbe auf Zweierstufe
   - Hebung der Partnerfarbe auf niedrigster Stufe
   - SA-Rückgebot auf niedrigster Stufe
   - Gebot in einer neuen, **rangniedrigeren** Farbe auf der Zweierstufe

2. Das Rückgebot des Eröffners zeigt mittlere Stärke durch:

   - Wiederholung der eigenen Farbe im Sprung
   - Hebung der Partnerfarbe im Sprung
   - SA-Rückgebot im Sprung
   - Reverse-Reizung

3. Ein Rückgebot ist dann ein Reverse, wenn der Eröffner seine zweite Farbe auf der **Zweierstufe** nennt und diese **ranghöher** ist als seine erste Farbe, so daß der Antworter, falls er ausbessern möchte, auf die Dreierstufe gehen muß.

4. Das Rückgebot des Eröffners zeigt eine starke Hand durch:

   - Sprung in eine neue Farbe
   - SA-Rückgebot im Doppelsprung

5. Eröffnungsgebot und Rückgebot des Eröffners haben den Antworter in der Regel ausreichend über Stärke und Verteilung der Partnerhand informiert.

6. Aufgrund der erhaltenen Informationen versucht der Antworter in seinem Rückgebot, Denomination (Farbspiel oder Sans Atout) und Bereich (Teilkontrakt, Vollspiel, Schlemm) des Kontrakts festzulegen.

7. Hat der Eröffner Minimalstärke gezeigt, gilt für das Rückgebot des Antworters:

mit 6-9 Punkten	Teilkontrakt
mit 10-12 Punkten	einladendes Gebot
mit 13+ Punkten	Vollspielbereich

8. Hat der Eröffner mittlere Stärke gezeigt, gilt für das Rückgebot des Antworters:

mit 6-7 Punkten	Teilkontrakt
mit 8+ Punkten	Vollspielbereich

9. Hat der Eröffner Maximalstärke gezeigt, werden die Partner in jedem Fall mindestens Vollspiel reizen.

Quiz 9

1. Beschreiben Sie die Hand des Eröffners nach diesen Bietfolgen:

	Eröffner	Antworter		Eröffner	Antworter
a)	1♠	1SA	b)	1♦	1♥
	3♠			2♥	
c)	1♦	1♠	d)	1♥	1♠
	1SA			2♣	
e)	1♠	1SA	f)	1♣	1♥
	3♥			2SA	

2.

Eröffner	Antworter
1♦	1♥
2♣	?

Wie lautet Ihr Rückgebot als Antworter mit folgenden Händen:

a)	b)	c)	d)
♠ 95	♠ K9	♠ 10876	♠ AD7
♥ AK92	♥ AD10974	♥ KD75	♥ AD109
♦ B8	♦ 96	♦ D43	♦ D85
♣ AB1063	♣ D103	♣ B9	♣ D97

6. Die Gegenreizung

Bisher sind wir immer davon ausgegangen, daß die Gegner in unsere Reizung nicht eingegriffen haben. Sie haben stets gepaßt. Das ist aber nicht immer der Fall, denn wie Sie ist natürlich auch die Gegenseite bestrebt, einen Kontrakt zu ersteigern. Und wenn die Gegner reizen und auch Sie nicht passen, wird es eng. Da nun jedes Gebot - gleichgültig, ob von Ihrer Seite oder von der Gegenpartei - die Auktion immer höher treibt, wird das Eingreifen der anderen Seite in die Reizung den Spielraum für den Informationsaustausch der Partner zwangsläufig einschränken. In den nächsten Abschnitten werden wir untersuchen, wie eine Auktion aussieht und welche Überlegungen angestellt werden müssen, wenn beide Parteien in einer Auktion tätig werden.

Nehmen wir an, Sie haben diese Hand erhalten:

♠ ADB108
♥ 96
♦ D752
♣ K8

Mit 12 FP und 1 LP für die fünfte Karte in Pik würden Sie als Teiler 1♠ eröffnen. Wenn allerdings Ihr rechter Gegner Teiler ist, müssen Sie zunächst ihn sprechen lassen. Jetzt ist **er** Eröffner. Vielleicht beginnt er mit 1♥. Und Sie? Selbstverständlich hindert Sie das Eröffnungsgebot Ihres Gegners nicht daran, ebenfalls ein Gebot abzugeben. Wenn Sie sich jetzt in die Reizung einmischen, sind Sie der **"Gegenreizer".** Sie beteiligen sich jetzt an der Auktion, an deren Ende entschieden wird, welche Denomination von welcher Partei gespielt wird. Nach der 1♥-Eröffnung Ihres Gegners können Sie mit Ihrer Hand bedenkenlos 1♠ **"gegenreizen"**. Sie haben mit 1♠ einen **"Überruf "** gemacht.
"Kein Problem" - werden Sie sagen! Ihr Gegner hat Ihnen durch sein Eröffnungsgebot keinen Bietraum genommen. Sie können bieten, als wären Sie der Eröffner. Es sieht so aus, als bestünde zwischen Eröffnungsgebot und Gegenreizung kein Unterschied. Aber nicht immer ist die Gegenreizung so problemlos. Lassen Sie uns deshalb drei Hände untersuchen und annehmen, der Teiler sitzt rechts von Ihnen und hat die Reizung jedesmal mit 1♦ begonnen:

♠ K5	♠ K5	♥ K5
♥ ADB96	♥ D3	♥ D3
♦ 9863	♦ 9863	♦ AB854
♣ D7	♣ ADB96	♣ D1085

Mit dem ersten Blatt können Sie ohne zu zögern 1♥ bieten. Durch sein 1♦ hat Ihr Gegner Ihren Bietraum nicht eingeengt. Sie können reizen, als wären Sie der Eröffner oder als hätte der rechts von Ihnen sitzende Teiler gepaßt.
Mit der zweiten Hand hätten Sie 1♣ eröffnet. Nach dem 1♦-Gebot Ihres Gegners können Sie das nun nicht mehr. Um Treff zu reizen, müssen Sie auf die Zweierstufe gehen. Sie müssen **2♣** bieten. Das verdeutlicht einen der Unterschiede zwischen Eröffnungsreizung und Gegenreizung: als Gegenreizer müssen Sie, wenn Ihnen auf der Einerstufe kein

Bietraum mehr zur Verfügung steht, schon mit Ihrem ersten Gebot auf die Zweierstufe gehen und sich dadurch natürlich auch zu acht Stichen verpflichten.
Eine ganz andere Entscheidung verlangt Ihre dritte Hand. Ihr Gegner hat ausgerechnet 1♦ eröffnet, genau in der Farbe, mit der Sie hätten eröffnen wollen. Was sollen Sie tun? Sollen Sie jetzt 2♦ bieten, um Ihrem Partner Ihre Karostärke mitzuteilen? Das wäre töricht. Wenn die Gegenseite einen Kontrakt in Karo reizen will, sollten Sie nicht auch Karo reizen. Vielleicht unterstützt Ihr anderer Gegner die Farbe seines Partners und treibt ihn auf 2♦ oder 3♦. Das könnte Ihnen nur recht sein, denn Sie würden der Gegenpartei die Erfüllung eines Karo-Kontrakts sicher nicht leicht machen. Sollen Sie Ihre andere reizbare Farbe, Treff, gegenreizen, um Ihrem Partner diese Länge zu zeigen? Auch das wäre keine kluge Entscheidung. Sie müßten dafür auf die Zweierstufe gehen (2♣) und das mit nur einer 4er Farbe und noch dazu einer sehr schwachen. Die beste Entscheidung mit dieser Hand ist, nach einer 1♦-Eröffnung zu passen und zunächst abzuwarten, wie sich die Auktion weiterentwickelt.
Es gibt keine Regel, die Sie dazu zwingt, mit 12 oder mehr FP ein Gebot abzugeben. Nachdem Ihr rechter Gegner die Reizung eröffnet hat, können Sie passen oder gegenreizen. Wenn Sie jedoch gegenreizen, muß die Farbe, die Sie nennen, mindestens eine gute 5er Farbe sein. Wie Sie sich mit einer einigermaßen starken Hand ohne 5er oder längere Farbe einmischen können, werden wir in einem späteren Abschnitt erläutern.
Bevor wir auf die Frage eingehen, ob für eine Gegenreizung dieselbe Punktstärke einer Hand erforderlich ist wie für eine Eröffnung, sollten wir untersuchen, aus welchen Gründen, mit welchem Ziel man sich in eine Auktion einmischt, nachdem die Gegenseite ein Eröffnungsgebot abgegeben hat.
Der Hauptgrund für eine Gegenreizung ist natürlich der Wunsch, für seine eigene Partei einen Kontrakt zu erreizen, statt Reizung, Informationsaustausch und Festlegung des zu spielenden Kontrakts ganz der Gegenseite zu überlassen. Obwohl einer Ihrer Gegner durch sein Eröffnungsgebot gezeigt hat, daß er über einige der hohen Karten verfügt, ist keinesfalls auszuschließen, daß Sie zusammen mit Ihrem Partner einen Teilkontrakt oder sogar ein Vollspiel für Ihre Partei erreizen.

Durch Ihre Gegenreizung zwingen Sie Ihre Gegner, falls diese weiterbieten wollen, auf höhere Stufen der Bietleiter hinauf - möglicherweise höher als sie es wünschen - und vergrößern dadurch Ihre Chance, den gegnerischen Kontrakt zu schlagen. Ihre Gegenreizung verringert auch den Bietraum der Gegner und erschwert somit deren Informationsaustausch.
Aber Ihr Überruf bezweckt noch etwas: Durch Ihr Gebot informieren Sie Ihren Partner über Ihre Hand. Auch wenn die Gegner die Auktion gewinnen sollten, könnte Ihre Information an den Partner dazu beitragen, die Gegenpartei an der Erfüllung ihres Kontrakts zu hindern, denn die von Ihnen bei der Gegenreizung genannte Farbe ist für Ihren Partner auch eine **"Anspielmarke"**. Falls die Gegner die Auktion gewinnen und Ihr Partner zum ersten Stich ausspielen muß, kann er Ihre Farbe anspielen. Die von Ihnen in der Gegenreizung genannte Farbe sollte deshalb stets eine starke Farbe sein, in der Sie durch Ihren Partner gern angespielt werden möchten, falls Sie Gegenpartei werden.
Wegen all dieser genannten Vorteile sind für eine Gegenreizung etwas weniger Punkte erforderlich als für ein Eröffnungsgebot. **Für einen Farbüberruf auf der Einerstufe werden mindestens 8 FP, für einen Farbüberruf auf der Zweierstufe mindestens 10 FP vorausgesetzt**. In jedem Fall muß die gegengereizte Farbe, wie bereits erwähnt, **mindestens eine starke 5er Farbe** sein. Je weniger Punkte Sie haben, desto stärker sollte die von Ihnen gegengereizte Farbe sein. Lassen Sie uns dazu einige Beispiele betrachten. Ihr rechter Gegner hat 1♥ eröffnet, und Sie halten:

♠ AKB86	♠ 8	♠ D92
♥ 73	♥ B7	♥ 742
♦ B103	♦ AK985	♦ AK1085
♣ 643	♣ ADB86	♣ 97

In Ihrer ersten Hand stellen Sie 9 FP fest, nicht ausreichend für eine Eröffnung, aber genug für einen Überruf auf der Einerstufe. Mit Pik verfügen Sie über eine gute 5er Farbe, die Sie auf der Einerstufe nennen können. Auch wenn die Gegner die Auktion gewinnen sollten, weiß nun Ihr Partner, welche Farbe er anspielen kann, falls er angreifen muß. Ihre Gegenreizung lautet 1♠.

Mit der zweiten Hand haben Sie zwei gute 5er Farben und erfüllen auch punktemäßig die Voraussetzungen für einen Überruf auf der Zweierstufe. Welche Farbe sollen Sie reizen? Für die Gegenreizung gilt dasselbe wie für eine Eröffnung: nennen Sie mit zwei 5er oder 6er Farben die ranghöhere Farbe zuerst. Ihr Überruf ist 2♦.
Auch in der dritten Hand besitzen Sie eine gute 5er Farbe. Um diese zu nennen, müßten Sie jedoch auf die Zweierstufe gehen. Mit 9 FP sind Sie dafür aber nicht stark genug. Sie müssen passen. Seien Sie unbesorgt. Die Auktion ist noch nicht beendet, und falls Ihr Partner stark genug ist, wird er in die Reizung eingreifen.

Wieder hat Ihr rechter Gegner 1 ♥ eröffnet. Wie verhalten Sie sich mit folgenden Blättern:

♠ AD7	♠ AKD964	♠ A96
♥ KD8	♥ 75	♥ 1072
♦ A106	♦ AD8	♦ KD8
♣ D986	♣ D6	♣ KB93

Mit der ersten Hand sind Sie stark. Auch für einen Überruf auf der Zweierstufe haben Sie genügend Punkte. Aber Sie besitzen keine 5er Farbe. Ein Farbüberruf ist also, wie wir gelernt haben, nicht möglich. Dennoch müssen Sie nicht passen. Mit einer ausgeglichen verteilten Hand und 16 oder mehr FP kann man 1SA gegenreizen, sofern ein Stopper in der vom Gegner angereizten Farbe vorhanden ist. In unserem Beispiel ist von der Gegenseite Coeur eröffnet worden. Durch KD verfügen Sie in dieser Farbe über einen Stopper. Mit 17 FP sind Sie stark genug, und ausgeglichen verteilt ist Ihre Hand auch. Ihr Überruf lautet 1SA.
Auch in der zweiten Hand sehen Sie 17 FP. Diesmal aber ist Ihre längste Farbe lang genug für einen Überruf. Ihr Pik ist sogar eine 6er Farbe. Würden Sie jetzt mit dieser Hand 1♠ gegenreizen, müßte Ihr Partner bei Ihnen folgerichtig 8 oder mehr FP und mindestens ein 5er Pik vermuten. Das ist ja auch richtig. Sie möchten aber Ihrem Partner Ihre erheblich größere Stärke und die 6er Länge Ihrer Farbe bekanntgeben. Das können Sie durch einen Ihrer Stärke entsprechenden Überruf bewerkstelligen. Mit mindestens 16 FP und einer guten 6er Farbe nennt man in der Gegenreizung seine Farbe im Sprung. Ihre Gegenreizung lautet 2♠.

Wie reagieren Sie nach der 1 ♥ - Eröffnung Ihres linken Gegners mit der dritten Hand? Sie sind für eine Gegenreizung auf der Einer- und auch auf der Zweierstufe mit Ihren 13 FP stark genug. Aber freuen Sie sich nicht zu früh! Sie besitzen keine 5er Farbe. Ihre Hand ist zwar ausgeglichen verteilt, aber für einen 1SA-Überruf haben Sie nicht die erforderlichen 16 FP. Außerdem besitzen Sie keinen Stopper in der vom Gegner angereizten Farbe Coeur. Sie müssen passen.
Da Sie nun sicher fragen werden, ob Sie sich nach einer Gegenreizung Ihres Partners genauso verhalten sollen wie nach einer Eröffnung Ihres Partners, sollen auch hierzu einige Hinweise weiterhelfen: Grundsätzlich können Sie nach Gegenreizung Ihres Partners dieselben Überlegungen zugrunde legen, die wir für den Antworter nach Eröffnung seines Partners angestellt hatten. Allerdings dürfen Sie dabei nicht vergessen, daß die Stärke eines Ihrer beiden Gegner durch dessen Eröffnungsgebot bereits definiert ist und für Ihre Hand, für die Ihres Partners und das Blatt des anderen Gegners insgesamt höchstens 28 Punkte übrigbleiben. Bei Ihren Überlegungen müssen Sie nach einem Farbüberruf Ihres Partners auch berücksichtigen, daß die vom Partner als Gegenreizer genannte Farbe mindestens eine 5er Farbe ist und Sie die Partnerfarbe schon mit einer 3er Unterstützung heben können.
Nehmen wir an, West hat die Reizung mit 1 ♦ eröffnet. Ihr auf Nord sitzender Partner hat 1 ♠ gegengereizt, und Ihr rechter Gegner hat gepaßt. Sie halten als Süd folgende Hände:

♠ A92	♠ 7	♠ A86
♥ 963	♥ K103	♥ A9
♦ D102	♦ D1063	♦ K1094
♣ K953	♣ AKB87	♣ 8632

Da Ihr Partner Pik gegengereizt hat, genügen Ihre drei Karten in Pik, um ihn in dieser Farbe zu unterstützen. Mit 9 FP sind Sie stark genug für eine Hebung auf die nächste Stufe. Reizen Sie 2♠.
Mit der zweiten Hand können Sie die Farbe Ihres Partners nicht unterstützen. Sie halten aber eine gute 5er Farbe und sind stark genug, diese Farbe auf der Zweierstufe zu nennen. Reizen Sie 2♣.
Mit der dritten Hand besitzen Sie 12 Punkte (11 FP + 1 DP für das Doubleton in Coeur). Ihr 3er Pik reicht aus für eine Unterstützung der 5er Farbe Ihres Partners. Bieten Sie 3♠.

Zusammenfassung:

1. Für einen Farbüberruf auf der **Einer**stufe (z.B. 1♦ - 1♠) sind mindestens 8 FP sowie eine starke 5er oder längere Farbe erforderlich.

2. Für einen Farbüberruf auf der **Zweier**stufe (z.B. 1♥ - 2♣) sind mindestens 10 FP sowie ebenfalls eine starke 5er oder längere Farbe erforderlich.

3. Mit starker 6er Farbe und mindestens 16 FP sollte beim Farbüberruf gesprungen werden (z.B. 1♦ - **2♠**).

4. Mit ausgeglichener Hand und mindestens 16 FP ist ein Überruf in 1SA möglich, sofern mindestens ein Stopper in der vom Gegner angereizten Farbe vorhanden ist.

Quiz 10

1. Nennen Sie die Voraussetzungen für einen Farbüberruf.

2. Nennen Sie die Voraussetzungen für einen 1SA-Überruf.

3. Ihr rechter Gegner hat 1♥ eröffnet. Wie reagieren Sie mit folgenden Händen:

a)	b)	c)
♠ KD1097	♠ K86	♠ AB6
♥ 1093	♥ K82	♥ AD9
♦ A84	♦ 97	♦ K107
♣ 95	♣ D7643	♣ DB108

7. Das Strafkontra

Sicher haben Sie, wenn Sie diesen Teil des Buches zu lesen beginnen, mit Freunden, Kollegen oder in Ihrer Familie schon mehrfach Bridgeteilungen ausgelegt, Hände nachgespielt und sich bereits ein wenig beim Reizen und Spielen versucht. Vielleicht haben Sie sich auch schon darüber geärgert, daß Ihnen in einer Auktion von Ihren Gegnern ein unverlierbarer Kontrakt vor der Nase weggeschnappt worden ist und Sie zum Gegenspieler gemacht wurden, weil die andere Seite, die Nicht-Erfüllung ihres eigenen Kontrakts einkalkulierend, ein höheres Gebot abgegeben hat als Sie, - nur um Ihnen die Ersteigerung eines Kontrakts unmöglich zu machen. Vielleicht haben Ihre Gegner schon einmal nach Ihrem 4♥- Gebot mit einer viel zu schwachen Hand einen aussichtslosen 4♠-Kontrakt erreizt und gespielt, nicht etwa in der Absicht, diesen Pik-Kontrakt zu gewinnen, sondern lediglich um zu verhindern, daß Sie und Ihr Partner Ihr unverlierbares Vollspiel in Coeur spielen und dafür die hohe Vollspielprämie kassieren. Die Gegner haben dabei bestimmt gern in Kauf genommen, daß Ihrer Partei für jeden ihrer Faller 50 Punkte gutgeschrieben werden, weil die Nichterfüllung ihres eigenen 4♠-Kontrakts - selbst mit drei, vier oder mehr Unterstichen - für sie günstiger ist als die 420 Punkte, die Sie für Ihren erfüllten 4♥- Kontrakt erhalten hätten.
Die Pluspunkte, die Sie erhalten, wenn Ihre Gegner einen Kontrakt nicht erfüllt haben, hängen, wie wir gesehen haben, von der Anzahl der gegnerischen Unterstiche ab. Je mehr Faller die Gegner haben, desto mehr Punkte werden Ihnen gutgeschrieben. Allerdings erhalten Sie für jeden Faller der Gegner nur 50 Punkte. Hätten Sie Ihren 4♥-Kontrakt spielen und erfüllen können, stünden jetzt 420 Punkte (4 x 30 Stichwertpunkte + 300 Punkte als Prämie für ein erfülltes Vollspiel) auf Ihrem Konto. Nun, nach dem Störmanöver der Gegenseite mit 4♠, werden Ihnen vielleicht 150 oder 200 Punkte für drei oder vier Faller der Gegner gutgeschrieben. Selbst bei sehr unwahrscheinlichen acht Unterstichen der Gegner würden Sie nur armselige 400 Punkte erhalten! Die Gegner haben Ihnen 420 Punkte für einen erfüllten Oberfarben-Kontrakt geraubt und sind dafür nur ungenügend bestraft worden. Das ist ganz offensichtlich nicht gerecht!
Um diesen Mißstand zu beheben und die Chancen beider Parteien auszugleichen, wurde die Ansage "**Strafkontra**" eingeführt. Wenn bei-

spielsweise Sie der Meinung sind, daß Ihre Gegner den von ihnen angesagten Kontrakt nicht erfüllen werden, können Sie **strafkontrieren.** Diese Ansage erhöht die Bestrafung der Gegner erheblich, falls diese den von ihnen gereizten Kontrakt nicht erfüllen. Allerdings - und das ist die Kehrseite der Medaille - werden die Gegner, falls sie ihren Kontrakt entgegen Ihren Erwartungen doch erfüllen, mit zusätzlichen Punkten belohnt.

Zu beachten ist bei diesem "**Kontra**" folgendes:

- Kontra ist eine Ansage, die in einer Auktion an Stelle eines Gebotes gemacht werden kann
- Kontra kann nur gesagt werden, wenn man mit Reizen an der Reihe ist
- Nur ein vom Gegner gereizter Kontrakt kann kontriert werden, nicht aber ein Kontrakt des Partners
- Da die Ansage Kontra die Abgabe eines Gebots ersetzt, ist eine Auktion erst dann beendet, wenn nach einem Kontra drei Spieler nacheinander gepaßt haben
- Wird nach einem Kontra von einem der drei auf den Kontrierenden folgenden Spieler ein Gebot abgegeben, verliert das Kontra seine Wirkung und die Auktion läuft weiter

Lassen Sie uns zu unserem am Beginn dieses Abschnitts erwähnten Beispiel zurückkehren. Angenommen, Sie sind Süd und Teiler. Die Reizung könnte etwa so verlaufen sein:

Süd	West	Nord	Ost
1♥	1♠	3♥	3♠
4♥	4♠	Passe	Passe
Kontra	Passe	Passe	Passe

Ihre Gegner West/Ost haben den Kontrakt 4♠ ersteigert. In der Hoffnung, diesen Kontrakt schlagen zu können, haben Sie als Süd kontriert, und nachdem anschließend West, Nord und Ost gepaßt haben, ist die

Auktion beendet. Falls nun West/Ost ihren Kontrakt nicht erfüllen, werden sie für jeden Unterstich erheblich härter bestraft, als wenn Sie nicht kontriert hätten. Möglicherweise erhalten Sie jetzt sogar mehr Punkte als Sie für einen von Ihnen erfüllten 4♥-Kontrakt bekommen hätten. Dieses Risiko einer hohen Bestrafung für Unterstiche verhindert hemmungsloses Hochtreiben einer Auktion, nur mit dem Ziel, der Gegenseite das Ersteigern eines Kontrakts zu erschweren oder unmöglich zu machen. Wie viele Strafpunkte oder Pluspunkte die eine oder andere Seite erhält, soll nicht hier diskutiert werden. Wie hoch man für einen kontrierten und nichtkontrierten verlorenen Kontrakt bestraft wird und wie viele Bonuspunkte man für einen kontrierten erfüllten Kontrakt erhält, können Sie dem Abschnitt "Abrechnung" im Anhang dieses Buches entnehmen.
Können nun West/Ost den von Ihnen kontrierten Kontrakt erfüllen, erhalten Ihre Gegner bedeutend mehr Pluspunkte, als wenn Sie nicht kontriert hätten, vor allem dann, wenn sie sogar mit einem oder mehreren Überstichen gewinnen. Sie sollten sich deshalb nur dann zu einem Strafkontra entschließen, wenn Sie ziemlich sicher sind, den gegnerischen Kontrakt wirklich schlagen zu können, und die Gegenseite keine Möglichkeit hat, in einen anderen, aussichtsreicheren Kontrakt auszuweichen. Besonders riskant ist es, einen Teilkontrakt zu kontrieren, weil die Gegner, falls diese den Teilkontrakt schließlich doch erfüllen, möglicherweise so viele zusätzliche Punkte erhalten, daß aus ihrem Teilkontrakt ein Vollspiel einschließlich der Vollspielprämie wird.

8. Das Re-Kontra

Nun gibt es natürlich Teilungen, bei denen die Partei, deren Kontrakt kontriert worden ist, glaubt, den Kontrakt im Gegensatz zur Meinung der anderen Partei doch zu erfüllen. In der eben erwähnten Auktion könnte West oder Ost, nachdem Sie als Süd deren 4♠-Kontrakt kontriert haben, der Überzeugung sein, die erforderlichen zehn Stiche zur Erfüllung des Kontrakts ganz sicher zu gewinnen. Für solche Fälle gibt es die Ansage "**Re-Kontra**". West oder Ost "kontriert" Ihr Kontra und sagt, wenn er nach Ihrem Kontra an der Reihe ist zu reizen, Re-Kontra. Erneut vergrößert sich die Anzahl der Punkte, die Ost/West zusätzlich erhalten, falls sie den Kontrakt erfüllen, aber auch deren Bestrafung, falls Ost/West ihre 4♠ verlieren. Natürlich muß einem Re-Kontra ein Kontra vorausgegangen sein, und auch nach einem Re-Kontra muß dreimal hintereinander gepaßt werden, bevor eine Auktion abgeschlossen ist. Die eben besprochene Bietfolge könnte so verlaufen sein:

Süd	West	Nord	Ost
1♥	1♠	3♥	3♠
4 ♥	4♠	Passe	Passe
Kontra	Re-Kontra	Passe	Passe
Passe			

Seien Sie unbesorgt: eine weitere Steigerung des Risikos, etwa eine nochmalige Verdoppelung der Re-Kontra-Werte durch ein "Kontrieren" des Re-Kontras, gibt es nicht. Die Ansage Re-Kontra ist das letzte "Fremdwort" im Bridge-Vokabular, das Sie lernen müssen.

9. Das Informationskontra

Lassen Sie uns diesen Abschnitt gleich mit einer neuen Hand beginnen. Ihr rechter Gegner hat die Reizung mit 1♦ eröffnet, und Sie als Süd halten folgende Hand:

♠ KB97
♥ AK52
♦ 6
♣ K1097

Zufrieden haben Sie Ihre Figurenpunkte gezählt und sich vielleicht an Gelerntes erinnert: Bei einer 4-4-4-1-Verteilung und einem roten Singleton sollte zuerst die Farbe unterhalb des Singleton gereizt werden. Das wäre Treff. Genügend Punkte haben Sie auch: 14 FP. Aber Sie sind nicht Eröffner und erinnern sich jetzt auch, daß für eine Gegenreizung auf der Einerstufe nicht nur mindestens 8 FP, sondern auch eine starke 5er Farbe erforderlich ist. Und die haben Sie nicht! Was ist zu tun?

Mit diesem Blatt zu passen, würde Ihnen Ihr Partner nicht verzeihen. Sie müssen etwas sagen. Am liebsten würden Sie alle drei nichtgereizten Farben, also Treff, Coeur und Pik, in einem einzigen Gebot auf ein-

mal nennen, dies aber mit dem Zusatz: "Partner, suche Dir eine der drei Farben aus. In jeder dieser Farben bin ich bereit zu spielen, wenn Du nur mindestens vier Karten davon mitbringst." Und tatsächlich gibt es diese Möglichkeit, alles in **einem** Wort auszudrücken: durch Kontra, das sog. "**Informationskontra**". Durch dieses Kontra können Sie Ihrem Partner genau diese Botschaft übermitteln, ohne den Bietraum einzuengen, und ihn außerdem darüber informieren, daß Sie mindestens Eröffnungsstärke besitzen! Ihr Partner muß nun über die Farbe entscheiden. Wenn nach Ihrem Kontra der nächstsitzende Gegner paßt, **muß** Ihr Partner sprechen. Passen darf er nicht. Sonst könnte Ihr Informationkontra zum Strafkontra werden.
Durch dieses Informationskontra zeigt man dem Partner nicht nur eigene Eröffnungsstärke sondern auch Interesse an einem Farbfit. Damit die Möglichkeiten dafür einigermaßen erfolgversprechend sind, sollte man in der Farbe des Gegners kurz sein, so daß möglichst jede vom Partner genannte Farbe einen Fit ergibt. Optimal ist dafür natürlich eine Hand mit einer 4-4-4-1-Verteilung, mit einem Singleton in der Farbe des Gegners und drei Viererfarben. Ausreichend für ein Informationskontra ist jedoch auch ein Blatt mit einer 4-4-3-2-Verteilung, also mit einem Doubleton in der gegnerischen Farbe, nur zwei Viererfarben und **einer** 3er Farbe.
Nun werden Sie jetzt natürlich einwenden, daß Sie gerade gelernt haben, Kontra nach einem gegnerischen Gebot sei ein Strafkontra, entstanden aus der Überzeugung, den Kontrakt der Gegenseite zu Fall zu bringen, und dieses Kontra bezwecke eine Erhöhung der Bestrafung der Gegner für deren Unterstiche. Richtig! Sie haben dabei allerdings vergessen, daß wir hier vom **Anfang** einer Auktion sprechen, von der ersten oder zweiten Bietrunde. Nach nur einem einzigen Gebot der Gegner, dem Eröffnungsgebot, können Sie keinesfalls schon beurteilen, welchen Kontrakt die Gegner tatsächlich spielen wollen. Und ausserdem: um 1 ♦ zu schlagen, müßten Sie und Ihr Partner, über dessen Stärke Sie noch gar nichts wissen, ja mindestens sieben Stiche gewinnen! Nein, das Kontra zu einem so frühen Zeitpunkt **kann kein Strafkontra sein!**
Das Kontra auf so niedriger Stufe wird deshalb zu einem anderen Zweck verwendet: es "informiert" den Partner über die eigene Hand, ohne dabei wie bei einem Gebot Bietraum zu beanspruchen. Dieses Informationskontra teilt dem Partner also eigene Eröffnungsstärke und

Spielbereitschaft in allen nichtgereizten Farben mit. Gleichzeitig fordert es den Partner auf: "Nenne Deine beste der von den Gegnern nichtgereizten Farben! Wenn Du die Wahl hast, nenne eine Oberfarbe!" Der Kontrierende überläßt also seinem Partner die Wahl der Farbe und wird, falls seine Partei die Auktion gewinnt, dadurch normalerweise Dummy. Bei der Bestimmung der eigenen Stärke zählt deshalb derjenige, der ein Informationskontra abgibt, seinen Figurenpunkten Dummypunkte hinzu.
Mit unserer Beispielhand sind Sie also 17 Punkte stark (14 FP + 3 DP) und erwarten von Ihrem Partner, daß er Ihnen Treff, Coeur oder Pik nennt, nach Möglichkeit eine der beiden Oberfarben.

Sehen wir uns weitere Beispiele an. Ihr rechter Gegner hat die Reizung mit 1♥ eröffnet. Sie halten als Süd folgende Hände:

♠ AB96	♠ KD87	♠ A653	♠ AK75
♥ 10	♥ 72	♥ K1074	♥ 8
♦ A932	♦ AB10	♦ 6	♦ D63
♣ D843	♣ A875	♣ AD83	♣ AD865

Wie in unserem eben besprochenen Beispiel sind Sie mit Ihrer ersten Hand in der angereizten Farbe kurz. Die drei anderen Farben sind bei Ihnen gleich lang, und Ihre Punktstärke ist auf diese drei Farben verteilt. Wieder besitzen Sie keine 5er Farbe für eine Gegenreizung. Sie haben 11 FP. Sollen Sie sich mit dieser Hand einmischen und Kontra sagen? Ja, Sie sollten das auf jeden Fall tun, denn für das Singleton in der angereizten Farbe können Sie 3 DP hinzuzählen (Sie erinnern sich: wenn Ihr Partner die Trumpffarbe als erster nennt, werden Sie Dummy). Sie sind also insgesamt 14 Punkte stark und sind auf jede Antwort Ihres Partners vorbereitet.
Mit 14 FP + 1 DP für das Doubleton in Ihrer zweiten Hand möchten Sie ganz sicher nach der Eröffnung Ihres rechten Gegners nicht passiv bleiben. Aber ohne 5er Farbe ist ein Farbüberruf nicht möglich, und für eine 1SA-Gegenreizung sind mindestens 16 FP sowie Deckung in der Gegnerfarbe erforderlich. Vielleicht zögern Sie diesmal mit einem Informationskontra, weil Sie Ihrem Partner damit ja nicht nur Eröffnungsstärke sondern auch Spielbereitschaft in allen drei nichtgereizten Farben signalisieren und diese Farben möglichst drei 4er Farben sein

sollten. Falls Ihr Partner Karo antwortet, können Sie aber nur eine 3er Farbe beisteuern. Dennoch sollten Sie nicht passen. Für eine Eröffnung hätten Sie genügend Punkte, und eine 4-4-3-Verteilung in den drei nichtgereizten Farben ist für ein Informationskontra, wie Sie gelernt haben, durchaus akzeptabel. Das gilt vor allem dann, wenn es sich bei der 3er Farbe um eine Unterfarbe handelt und Sie in der Oberfarbe, die Ihr Partner nennen wird, falls er die Wahl hat, vier Karten halten. Das Schlimmste, das Ihnen passieren könnte, wäre eine Karo-Antwort Ihres Partners und ein Karo-Endkontrakt. Aber wenn Ihr Partner Karo antwortet, wird er wahrscheinlich ohnehin fünf oder mehr Karten in Karo besitzen.

Wäre das Eröffnungsgebot 1♦ gewesen, besäßen Sie mit Ihrer dritten Hand ein ideales Blatt für ein Informationskontra. Ihr rechter Gegner hat aber 1♥ eröffnet, eine Ihrer 4er Farben. Bei diesem Eröffnungsgebot dürfen Sie deshalb mit Ihrer Hand keinesfalls Kontra sagen, denn mit einem Informationskontra versprechen Sie nicht nur mindestens Eröffnungsstärke, die Sie ja haben, sondern auch Spielbereitschaft in **allen** nichtgereizten Farben. Würde Ihr Partner nach Ihrem Kontra Karo antworten, wären Sie freiwillig ins Verderben gelaufen. Auch gegenreizen können Sie nicht: Sie besitzen keine 5er Farbe. Mit einer solchen Hand können Sie nach 1♥-Eröffnung der Gegenseite weder kontrieren noch gegenreizen. Das Beste ist zu passen und abzuwarten, wie sich die Auktion weiterentwickelt. Vielleicht sagt Ihr Partner etwas oder Sie können zu einem späteren Zeitpunkt eingreifen.

In Ihrer vierten Hand zählen Sie 15 FP. Mit Ihrer 5er Farbe können Sie 2♣ gegenreizen. Sie sind mit diesem Blatt aber auch in der Lage, Kontra zu sagen, denn in den drei nichtgereizten Farben sind Sie spielbereit. Wofür sollen Sie sich entscheiden? Sie erinnern sich: wenn immer möglich, sollten die Partner bestrebt sein, einen Oberfarbenfit zu finden. Für ein Vollspiel in einer Oberfarbe werden ja nur zehn Gewinnstiche benötigt, für ein Unterfarben -Vollspiel jedoch elf. Und auch ein Teilkontrakt mit acht Gewinnstichen ist in einer Oberfarbe günstiger als in einer Unterfarbe: nach Erfüllung eines 2♥- oder 2♠-Kontrakts stehen auf Ihrem Konto 110 Punkte statt 90 Punkten im Falle eines erfüllten Unterfarben-Kontrakts auf der Zweierstufe. Dies alles und auch der Umstand, daß Sie nach einer 2♣-Gegenreizung später möglicherweise nicht mehr in der Lage sein werden, mit Ihrem Partner einen Pik-Fit zu finden, spricht für ein Informationskontra. Teilen Sie Ihrem Partner mit,

daß Sie spielbereit sind in der nichtgereizten Oberfarbe und in beiden Unterfarben.
Wir haben nun erfahren, daß "Kontra" in einer Auktion zwei sehr unterschiedliche Bedeutungen haben kann. In einem der vorausgegangenen Abschnitte hatten wir Kontra als Strafkontra kennengelernt. Es wurde dazu benutzt, die Bestrafung der Gegner zu erhöhen, wenn es gelingt, den gegnerischen Kontrakt zu Fall zu bringen. In diesem Abschnitt wurde Kontra als Informationskontra verwendet, um den Partner "billig" über eigene Stärke und Verteilung zu unterrichten und ihn aufzufordern, seine beste Farbe zu nennen. Da für beides diesselbe Ansage "Kontra" verwendet wird, sollten wir an dieser Stelle Informationskontra und Strafkontra einander gegenüberstellen und die Voraussetzungen für beide Formen des Kontra zusammenfassen:

Wann ist ein Kontra **Informations**kontra?

Ein Kontra ist Informationskontra, wenn
- der Partner des Kontrierenden noch kein Gebot abgegeben hat **und**
- die Gegner im Bereich eines Teilkontrakts sind.

Wann ist ein Kontra **Straf**kontra?

Ein Kontra ist Strafkontra, wenn
- der Partner des Kontrierenden bereits ein Gebot abgegeben hat **oder**
- die Gegner im Vollspiel-Bereich sind.

Welche Voraussetzungen müssen für ein **Informations**kontra erfüllt sein?

Der Kontrierende muß
- Eröffnungsstärke besitzen (Figurenpunkte + Dummypunkte) und
- in den nichtgereizten Farben spielbereit sein (höchstens **eine** 3er Farbe; die beiden anderen Farben müssen mindestens 4er Farben sein).

Die Antwort auf ein Informationskontra

West	Nord	Ost	Süd
1♦	Kontra	Passe	?

Wechseln wir jetzt die Rollen: lassen Sie uns annehmen, Sie sitzen auf Süd. Teiler West hat 1♦ angereizt, Ihr Partner Nord kontriert und Ihr rechter Gegner paßt. Sie wissen, daß West über Eröffnungsstärke und eine Hand mit einem 4er oder längeren Karo verfügt. Ihr Partner hat Ihnen durch sein Informationskontra mitgeteilt, daß auch er Eröffnungsstärke besitzt, daß er in Karo kurz ist und seine beiden Oberfarben und Treff wahrscheinlich jeweils mindestens 4er Farben sind (nur eine dieser drei Farben dürfte statt einer 4er eine 3er Farbe sein). Wichtig ist, daß wir an dieser Stelle nochmals festhalten: **Das Informationskontra forciert.** Nach dem Kontra Ihres Partners und anschließendem Passe des Gegners müssen Sie etwas sagen. Ihr Partner läßt Ihnen nicht etwa die Wahl zwischen Passen und Bieten. Unabhängig davon, ob Sie stark oder schwach sind, ob Sie vielleicht sogar eine Hand ohne einen einzigen Punkt halten, verlangt er von Ihnen, daß Sie jetzt Ihre längste Farbe nennen. Nur wenn Ihr rechter Gegner nach dem Kontra Ihres Partners ein Gebot abgibt, müssen Sie nicht unbedingt reizen. Nur dann ist Ihre Entscheidung, ob Sie passen oder etwas sagen, von Stärke und Verteilung Ihrer Hand sowie der gegnerischen Reizung abhängig.
Sehen wir uns vier Hände an. Ihr Partner (Nord) hat die 1♦-Eröffnung von West kontriert, Ihr rechter Gegner hat gepaßt. Als Süd halten Sie:

♠ D962	♠ 532	♠ AD7	♠ D108
♥ 874	♥ 9765	♥ K1097	♥ AD743
♦ D10	♦ 107	♦ 843	♦ 65
♣ A843	♣ 8643	♣ KD9	♣ D106

In der ersten Hand haben Sie zwei 4er Farben. Wenn Sie als Antworter nach einem Informationskontra Ihres Partners die Wahl haben zwischen zwei gleich langen Farben, von denen eine eine Oberfarbe ist, sollten Sie der Oberfarbe den Vorzug geben. Reizen Sie 1♠.
Vielleicht zögern Sie bei Ihrer Antwort mit der zweiten Hand. Sollen Sie ohne einen einzigen Punkt überhaupt etwas sagen? Wird Ihr Partner akzeptieren, daß Sie mit dieser Hand ein Gebot abgeben? Erinnern Sie

sich: Ein Informationskontra forciert. Wenn Ihr Gegner zur Rechten gepaßt hat, sind Sie verpflichtet, Ihre längste Farbe zu nennen. Auch mit dieser Hand nennen Sie die Oberfarbe: 1♥.
Coeur ist Ihre längste Farbe in unserem dritten Beispiel. Ihr Partner hat auf die Karo-Eröffnung der Gegner kontriert. Damit hat er Spielbereitschaft in den drei anderen Farben signalisiert. Sie haben also in Coeur einen Fit gefunden. Ihr Partner hat aber auch Eröffnungsstärke bekanntgegeben. Mit Ihren 14 FP sind Sie gemeinsam im Vollspielbereich. Ihre Antwort muß deshalb 4♥ lauten.
Auch in der vierten Hand ist Coeur Ihre längste Farbe. Durch sein Informationskontra verspricht Ihr Partner in der Regel jeweils mindestens vier Karten in den drei nichtgereizten Farben. Gelegentlich kann eine dieser drei Farben auch eine 3er Farbe sein. Aber selbst wenn Ihr Partner diesmal nur drei Karten in Coeur halten sollte, haben Sie mit Ihrem 5er Coeur einen Fit gefunden. Ihre Hand ist nicht schwach, aber für einen Sprung in Vollspiel reichen Ihre Punkte nicht aus. Reizen Sie 3♥ und laden Sie Ihren Partner dadurch ein, auf 4♥ zu heben, falls er etwas mehr als nur Eröffnungsstärke besitzt.
Bisher sind wir bei der Untersuchung von Möglichkeiten für ein Informationskontra stets davon ausgegangen, daß der Eröffner unmittelbar nach seinem ersten Gebot von seinem nächsten Gegner kontriert wurde, daß also beispielsweise nach einer Farb-Eröffnung durch West sofort Nord Kontra gesagt hat. Aber es ist durchaus nicht selten, daß Kontra nicht in zweiter sondern in vierter Position gesagt wird, also nach zweimaligem Passe im Anschluß an eine Eröffnung oder nachdem beide Gegner ein Gebot abgegeben haben. Dieser Abschnitt soll deshalb nicht abgeschlossen werden, ohne einige Reizsituationen zu erwähnen, bei denen in vierter Position kontriert wird.

	West	Nord	Ost	Süd
	1♦	Passe	Passe	Kontra
oder	1♦	Passe	1♠	Kontra
oder	1♥	Passe	2♥	Kontra

Wenn Süd in unserem ersten Beispiel in vierter Position kontriert, dann tut er das nach Einbeziehung aller Informationen, die er bereits erhalten hat. Hätte **Ost** 1♦ eröffnet, dann wüßte Süd nur, daß der Eröffner

über mindestens 12 FP und vier oder mehr Karten in Karo verfügt. In vierter Position nach zweimaligem Passe weiß Süd mehr: Sein Partner hat nicht gegengereizt, ist also nicht stark genug, hat keine geeignete Farbe oder wartet ab. Er weiß aber auch, daß Ost weniger als 6 FP hat. Sonst hätte er auf die Eröffnung seines Partners geantwortet. Es ist deshalb sehr gut möglich, daß Süd mit seinem Partner punktstärker ist als die Gegenpartei.
In der zweiten Auktion zeigt Süds Kontra Längen in Treff und Coeur, den beiden nichtgereizten Farben. Der Umstand, daß **beide** Gegner ein Gebot abgegeben, zwei Farben genannt und bisher keinen Fit gefunden haben, sagt noch nichts über ihre gemeinsame Stärke aus. Die Gegner können durchaus sehr stark sein. Süd muß also gewissenhaft prüfen, ob Kontra wirklich angebracht und nicht zu riskant ist. Süd sollte in den beiden vom Gegner nichtgenannten Farben wirklich stark sein, möglichst 5er oder 6er Farben besitzen, und mehr als nur Eröffnungsstärke haben, etwa 17 oder mehr Punkte.
Auch in der dritten Reizung ist Kontra natürlich Informationskontra. Wie bei einem Kontra in zweiter Position nach einer Coeur-Eröffnung will der Kontrierende auch in vierter Position seinem Partner eigene Eröffnungsstärke und Spielbereitschaft in beiden Unterfarben und Pik signalisieren. Der Unterschied besteht jedoch darin, daß in dieser Reizung Ost/West einen Fit gefunden haben, daß sie gemeinsam mindestens 18, 19 Punkte stark sind, und daß Nord, falls er seinen Partner in einer Unterfarbe unterstützen will, bereits auf die Dreierstufe gehen müßte. Allerdings nimmt die Wahrscheinlichkeit, daß Nord/Süd in einer der drei nichtgereizten Farben einen Fit finden können, dadurch zu, daß die Gegenseite sich bereits in einer Farbe gefunden hat. Stark kann Nord aber nicht sein, da Ost, West und Süd insgesamt ja mindestens 30 Punkte gezeigt haben. Süd sollte deshalb für sein Kontra in dieser Reizsituation normalerweise etwas stärker sein als in zweiter Position, unmittelbar nach dem Eröffner.

Zusammenfassung:

1. Glaubt ein Spieler, daß die Gegner den von ihnen gereizten Kontrakt nicht erfüllen, kann er, statt selbst ein Gebot abzugeben, Kontra sagen.

2. Durch dieses (Straf-)Kontra werden Unterstiche erheblich teurer. Falls allerdings der Alleinspieler den kontrierten Kontrakt erfüllt, erhält seine Partei eine größere Punktgutschrift als für einen nichtkontrierten Kontrakt.

3. Nach einem Kontra kann ein Spieler der Gegenpartei Re-Kontra sagen, wenn er der Meinung ist, daß seine Partei den kontrierten Kontrakt dennoch erfüllt.

4. Dieses Re-Kontra verdoppelt erneut die Bestrafung bei Nichterfüllung und die Gutschrift bei Erfüllung des kontrierten Kontrakts.

5. Wird nach einem Kontra oder Re-Kontra von einem der drei folgenden Spieler ein Gebot abgegeben, verliert das Kontra bzw. Re-Kontra seine Wirkung, und die Reizung läuft weiter.

6. Eine Auktion ist erst dann beendet, wenn nach einem Kontra oder Re-Kontra dreimal nacheinander gepaßt worden ist.

7. Ein Informationskontra ist eine Ansage, die dem Partner Eröffnungsstärke und Spielbereitschaft in den von der Gegenseite nichtgereizten Farben signalisiert.

8. Ein Kontra ist dann Informationskontra, wenn der Partner des Kontrierenden noch kein Gebot abgegeben hat und die Gegner im Bereich eines Teilkontrakts sind.

9. Ein Informationskontra forciert. Wenn nach einem Informationskontra der nächstsitzende Gegner paßt, muß der Partner des Kontrierenden (auch wenn er keine Punkte hat) seine längste Farbe nennen.

10. Ein Informationskontra wird zum Strafkontra, wenn nach dem Kontra dreimal hintereineinander gepaßt wird.

11. Ein Kontra ist dann Strafkontra, wenn der Partner des Kontrierenden bereits ein Gebot abgegeben hat oder die Gegner im Vollspielbereich sind.

Quiz 11

1. Was will man durch Strafkontra erreichen?

2. Was signalisiert ein Spieler seinem Partner durch ein Informations-Kontra?

3. Wann ist ein Kontra Informationskontra?

4. Ihr rechter Gegner hat 1♠ eröffnet. Was reizen Sie mit folgenden Händen:

a)	b)	c)	d)
♠ 9	♠ 8	♠ K10	♠ B5
♥ AD87	♥ ADB1074	♥ K92	♥ KD86
♦ KB103	♦ AB6	♦ 108543	♦ AD87
♣ DB53	♣ 972	♣ AK10	♣ B106

10. Spielstiche

Vielleicht werden Sie jetzt vermuten, alles Nötige für die Auktion kennengelernt zu haben: die wichtigsten Eröffnungen, die Antworten darauf, Rückgebote des Eröffners und des Antworters, Möglichkeiten der Gegenreizung und auch die verschiedenen Formen des Kontra. Und doch gibt es Eröffnungsgebote, über die wir noch nicht gesprochen haben, die aber als Rüstzeug für eine erfolgreiche Beteiligung an der Auktion unverzichtbar sind, nämlich Sperrgebote und starke Eröffnungen. Bevor wir allerdings darüber sprechen, ist es notwendig, ein weiteres Bewertungskriterium zur Bestimmung der Stärke einer Hand einzuführen. Um festzustellen, ob sich eine Hand für ein Sperrgebot oder für eine starke Eröffnung eignet, ist häufig von **"Spielstichen"** die Rede. Was versteht man darunter?
Spielstiche sind alle Stiche, die ein Spieler ("normale" Kartenverteilung vorausgesetzt) mit seiner langen Farbe als Trumpffarbe oder mit hohen Karten in Nebenfarben erwarten kann, wenn er Alleinspieler wird. Eine Hand mit beispielsweise AKDB832 in einer Farbe läßt sieben Spielstiche erwarten, wenn diese Farbe Trumpf ist und die restlichen sechs Karten dieser Farbe normal auf die drei anderen Hände verteilt sind. Ist

in einer Nebenfarbe dieser Hand ein weiteres As, sonst aber keine Figur vorhanden, so spricht man von einer Hand mit acht Spielstichen.

Sehen Sie sich diese beiden Hände an:

♠ A8	♠ AKD964
♥ KDB10432	♥ 9
♦ 74	♦ AK7
♣ 93	♣ AK2

Wenn der Spieler mit der ersten Hand Alleinspieler wird, Coeur Trumpf ist und die restlichen sechs Karten dieser Farbe normal verteilt sind, kann bei diesem Blatt von einer Hand mit sieben Spielstichen gesprochen werden: sechs Trumpfstiche, nachdem das As herausgetrieben wurde, und das ♠ A.
Mit der zweiten Hand kann ein Alleinspieler, wenn Pik Trumpf ist, von zehn Spielstichen ausgehen: Er zählt sechs Trumpfstiche und vier Stiche in Karo und Treff. Wie immer bei der Errechnung von Spielstichen, muß auch hier normale Kartenverteilung vorausgesetzt werden. Die sechs Pikkarten des Alleinspielers sind dann Gewinner, wenn die fehlenden sieben Trumpfkarten 3-2-2 oder 3-3-1 auf seinen Partner und die beiden Gegner verteilt sind oder im Falle anderer Verteilung jedenfalls keiner der Gegner ein 4er Pik hält.
Die hier erwähnten Beispiele zeigen zwar, wie leicht die Berechnung von Spielstichen ist, sie verdeutlichen aber auch, daß diese nicht mehr als eine nur annähernde Bewertungsgrundlage darstellt.

11. Sperrgebote

Wie verhalten Sie sich, wenn Sie folgende Hand aufnehmen:

♠ 74
♥ 10
♦ AK109864
♣ 862

"Kein Problem", werden Sie sagen, "7 Figurenpunkte + 3 Längenpunkte. Damit darf ich nicht eröffnen. Für ein Eröffnungsgebot bin ich nicht

stark genug." Richtig! Das haben wir so gelernt. Aber ist es nicht bedauerlich, mit so einem Blatt zu passen? Denken Sie an Spielstiche. Ist es nicht möglich, sechs oder vielleicht sogar sieben Stiche mit dieser Hand, ganz allein und ohne Unterstützung durch den Partner, zu gewinnen, wenn Karo Trumpf ist?
Vielleicht werden Sie auch überlegen, daß in den anderen drei Händen 33 FP verteilt sind und nach dem Gesetz der Wahrscheinlichkeit die Gegner über mehr Punkte verfügen werden als Sie zusammen mit Ihrem Partner. Es ist anzunehmen, daß Ihre Gegner mit der Mehrheit der Punkte einen Teilkontrakt erreizen und erfüllen, vielleicht sogar in einer der beiden Oberfarben ein Vollspiel. Und genau aus diesem Grund sollten Sie versuchen, die Kommunikation der Gegner zu erschweren und sie zu Fehlern zu verleiten. Das können Sie, indem Sie Ihre lange Farbe reizen; aber nicht auf der Einerstufe - dafür sind Sie ja viel zu punktschwach, und das würde Ihrem Partner ein unrichtiges Bild Ihrer Hand vermitteln - sondern auf der **Dreierstufe**. Eröffnen Sie mit 3♦!
Wichtig dabei ist, daß Ihre wenigen Figurenpunkte in Ihrer langen Farbe konzentriert sind.
Dieses Gebot hat nichts anderes im Sinn, als die Gegenpartei zu stören, ihnen Bietraum zu **"sperren"** - wir nennen es deshalb auch **"Sperrgebot"** -, und ihre Verständigungsmöglichkeiten einzuengen. Die Gegner haben dann oft Schwierigkeiten, auf der Dreierstufe in die Auktion einzusteigen. Und wenn Ihre lange Farbe nicht Treff, Karo oder Coeur, sondern Pik ist und Sie 3♠ anreizen können, ist die Sperrwirkung natürlich noch größer. Wollen die Gegner einen Farbfit finden, müssen sie dann ihren Informationsaustausch gar auf der Viererstufe beginnen. Falls die Gegner Vollspiel anstreben, landen sie vielleicht wegen des reduzierten Bietraums im falschen Kontrakt.
Natürlich kalkuliert man bei einem Sperrgebot von vornherein die Wahrscheinlichkeit einer Nicht-Erfüllung dieses Kontrakts ein. Der mit einem Sperrgebot Eröffnende weiß, daß er ein möglicherweise teures Kontra riskiert und eher im Minus als im Plus endet. Dennoch sollte man aus den dargestellten Gründen mit einem Blatt wie dem oben gezeigten 3♦ eröffnen. Die Gegner können nicht unbedingt sicher sein, ob sie nach dieser Eröffnung die Suche nach ihrem eigenen Kontrakt beginnen oder lieber Sie (mit oder ohne Strafkontra) in Ihrem riskanten Kontrakt spielen lassen sollen. Falls sich die Gegner dafür entscheiden zu passen, werden Sie sicher durch Ihre lange Trumpffarbe sechs

oder sieben, möglicherweise auch mehr Stiche gewinnen können - Ihr Partner wird vielleicht etwas Brauchbares mitbringen. Ihre zwei oder drei Faller werden jedoch mit großer Wahrscheinlichkeit für Sie "billiger" sein als ein möglicherweise erfüllter Teil- oder Vollkontrakt, den die Gegner vielleicht verpaßt haben.

Sehen Sie sich nun folgende Hände an:

♠ AKB8754	♠ A9	♠ 8	♠ 7
♥ 96	♥ B1087653	♥ 75	♥ DB98
♦ 853	♦ K97	♦ KD1098542	♦ A
♣ 3	♣ 4	♣ B10	♣ 10976543

Das erste Blatt ist typisch für eine Eröffnung auf der Dreierstufe: eine gute 7er Farbe, keine Eröffnungsstärke und eine Hand, die nur in der Offensive stark ist und bei normaler Kartenverteilung sechs Spielstiche bringen dürfte, wenn die lange Farbe Trumpf wird. Dazu ist natürlich nötig, daß die wenigen Figuren, die Sie besitzen, Teil der langen Farbe sind. Im Gegenspiel wäre diese Hand nur von geringem Wert. Sie würde dabei kaum mehr als zwei Stiche ermöglichen. Daß Ihre lange Farbe Pik ist, erhöht den Sperrwert, denn die Gegner müßten nun auf der Viererstufe in die Reizung einsteigen, wenn sie sich an der Auktion beteiligen wollen. Für eine Eröffnung auf der Einerstufe wären Sie mit Ihren 8 FP nicht stark genug. Eröffnen Sie 3♠.
Auch Ihre zweite Hand enthält eine 7er Farbe und 8 FP. Dennoch ist diese Hand für eine Sperr-Eröffnung völlig ungeeignet. Ihre lange Farbe ist viel zu schwach, und Ihre hohen Figuren stecken in den anderen Farben. Sie müssen passen.
Die dritte Hand erfüllt alle Voraussetzungen für ein Sperrgebot. Sie ist für eine Farb-Eröffnung auf der Einerstufe zu schwach und für die Defensive wertlos, hat eine lange (in diesem Fall sogar 8er) Farbe mit den hohen Figuren in der langen Farbe und bringt voraussichtlich sechs Spielstiche. Ihr Eröffnungsgebot lautet 3♦.
Auch mit der vierten Hand sind Sie für eine Eröffnung auf der Einerstufe nicht stark genug. Dennoch sollten Sie mit dieser Hand trotz der 7er Länge keine Sperr-Eröffnung wagen. Ihre lange Farbe ist zu schwach, die Figuren stecken in den anderen Farben. Außerdem besitzen Sie eine 4er Oberfarbe, und ein möglicher Fit in dieser Farbe wäre

für Sie und Ihren Partner nicht leicht zu finden, wenn Sie mit 3♣ eröffnen. Sie müssen passen.

Antworten auf eine Sperr-Eröffnung

Natürlich muß der Antworter nach einer Sperr-Eröffnung seines Partners andere Überlegungen anstellen als nach einer Eröffnung auf der Einerstufe. Wir wollen deshalb auch untersuchen, wie Sie als Antworter reagieren, wenn Ihr Partner die Reizung mit einem Farbgebot auf der Dreierstufe begonnen und Ihr rechter Gegner gepaßt hat.
Es ist logisch, daß Sie für eine Antwort auf ein Sperrgebot stärker sein müssen als für eine Antwort auf eine normale Eröffnung. Nach Eröffnung auf der Einerstufe konnten Sie von mindestens 12 Punkten bei Ihrem Partner ausgehen und bereits mit 6 eigenen Punkten antworten. Nach einer Sperr-Eröffnung aber wissen Sie, daß Ihr Partner wesentlich schwächer ist und Sie bei ihm nur mit 6 bis höchstens 11 Punkten rechnen dürfen. Würden Sie jetzt mit nur 6 Punkten oder auch mit minimaler Eröffnungsstärke antworten, hätte das für Ihre Seite mit Sicherheit schmerzliche Folgen. Als Antworter auf eine Sperr-Eröffnung müssen Sie erheblich stärker sein. Mit 16 oder mehr FP werden Sie häufig ein einladendes Antwortgebot abgeben, denn ein Vollspiel liegt dann im Bereich des Möglichen. Mit weniger Punkten aber sollten Sie passen und zufrieden sein, daß es Ihrem Partner gelungen ist, die Kommunikation Ihrer Gegner zu erschweren.
Hier sind dazu einige Beispiele. Ihr Partner hat 3♣ eröffnet, Ihr rechter Gegner hat gepaßt:

♠ ADB1085	♠ AD9	♠ AKB6
♥ D86	♥ KDB4	♥ AKB1085
♦ K97	♦ K1063	♦ 83
♣ 8	♣ K2	♣ 6

Mit der ersten Teilung haben Sie zwar eine einigermaßen gute Hand und würden sicher lieber 3♠ spielen als 3♣. Dennoch müssen Sie der Versuchung widerstehen, 3♠ zu antworten. Wenn Sie nach einem Sperrgebot als Antworter eine neue Farbe nennen, forciert das Ihren Partner zur Weiterreizung, und Sie würden mit dieser Hand unweigerlich auf einer zu hohen Stufe enden. Ihr Partner hat weniger als Eröffnungsstärke. Sie müssen mit dieser Hand passen.

Mit den 18 FP der zweiten Hand liegen Sie wahrscheinlich im Vollspielbereich, obwohl Ihr Partner mit einem schwachen Blatt eröffnet hat. Ein 4er Coeur wird Ihr Partner nicht halten. Sonst hätte er keine 3♣ gereizt. Es lohnt sich also nicht, nach einem Coeur-Fit zu suchen. Antworten Sie 3 SA - trotz Ihrer Treff-Unterstützung. Es ist leichter, neun Stiche ohne Trumpf zu gewinnen als elf Stiche in Treff.
In der dritten Hand haben Sie 16 FP und 2 LP für die 6er Farbe. Mit dieser Stärke müssen Sie sich um einen Kontrakt im Vollspielbereich bemühen. Ihre starke 6er Oberfarbe ermöglicht Ihnen, 3♥ zu antworten. Da Sie auf eine Sperr-Eröffnung mit einer neuen Farbe unterhalb eines Vollspiels geantwortet haben, ist Ihr Partner verpflichtet, noch einmal zu sprechen. Sein nächstes Gebot wird darüber entscheiden, welcher Kontrakt für Sie der beste ist.

Zusammenfassung:

1. Sperr-Eröffnungen sind Farb-Eröffnungen auf der Dreierstufe.

2. Ziel einer Sperr-Eröffnung ist, den Bietraum der Gegner einzuengen und ihren Informationsaustausch zu stören.

3. Voraussetzungen für eine Sperr-Eröffnung sind:

   - eine starke 7er oder längere Farbe (FP möglichst ausschließlich in der langen Farbe)
   - keine 4er Oberfarbe
   - weniger Punkte als für eine Farb-Eröffnung auf der Einerstufe (meist etwa 6-11 FP)
   - kein As in einer Nebenfarbe
   - sechs bis sieben Spielstiche

4. Der Antworter sollte mit 0-15 Punkten passen. Für eine positive Antwort sind erforderlich:

   - gute Eröffnungsstärke, gewöhnlich 16 oder mehr Punkte
   - Stopper und Punkte in den Nebenfarben (Damen und Buben sind in Nebenfarben fast nutzlos)
   - drei bis vier Spielstiche

Quiz 12

1. Sie sind Teiler. Was reizen Sie mit folgenden Händen:

a)	b)	c)	d)
♠ 1073	♠ AB87543	♠ ADB7532	♠ D
♥ 8	♥ D8	♥ 965	♥ 10976532
♦ KD108754	♦ DB9	♦ B4	♦ 94
♣ B9	♣ K	♣ 10	♣ D85

2. Nord hat 3♠ eröffnet. Sie sitzen auf Süd. Wie lautet mit folgenden Händen Ihre Antwort, nachdem Ost gepaßt hat:

a)	b)	c)
♠ A9	♠ –	♠ 92
♥ KD10643	♥ 965	♥ KD74
♦ ADB8	♦ AB96432	♦ DB85
♣ 7	♣ D87	♣ KD6

12. Starke Eröffnungen

Gelegentlich werden Sie Ihre Karten aufnehmen und feststellen, daß Sie ein ungewöhnlich starkes Blatt erhalten haben. So stark, daß Sie wünschten, Ihren Partner durch ein Eröffnungsgebot zwingen zu können, ein Gebot abzugeben. Sie möchten ihm signalisieren: "Partner, ich habe eine außergewöhnlich starke Hand. Du darfst jetzt nicht passen. Ich möchte anschließend weiterreizen." Sie erinnern sich: Nach einem Eröffnungsgebot braucht der Antworter mindestens 6 FP für eine positive Antwort. Wenn er weniger hat, paßt er. Was können Sie tun, um Ihren Partner durch ein Eröffnungsgebot zu einer Antwort zu zwingen, auch wenn er weniger als 6 Punkte, vielleicht sogar keinen einzigen Punkt in seiner Hand hat?
Für derartige Fälle sieht das Acol-System eine Reihe starker Eröffnungsgebote auf der Zweierstufe vor:

2♣	23+ FP (ausgeglichene oder unausgeglichene Verteilung)
2♦/2♥/2♠	acht Spielstiche (unausgeglichene Verteilung)
2SA	20-22 FP (ausgeglichene Verteilung)

Lassen Sie uns jedes dieser starken Eröffnungsgebote genauer untersuchen.

12.1 Die 2♣-Eröffnung

2♣ ist das stärkste Eröffnungsgebot. Es hat mit der Farbe Treff nichts zu tun, sondern ist ein "**künstliches Gebot**", mit dem der Eröffner eine sehr starke Hand von mindestens 23 FP zeigt. Eine mit 2♣ eröffnete Hand kann ausgeglichen oder unausgeglichen verteilt sein. Genaues über seine Hand sagt der Eröffner in seinem Rückgebot. Das Erfreuliche an diesem Eröffnungsgebot ist, daß das 2♣ den Partner nicht nur über die außerordentliche Stärke des Eröffners informiert, sondern ihn gleichzeitig zwingt weiterzureizen. Der Partner darf anschließend nicht passen. 2♣ forciert den Partner unabhängig von dessen Punktstärke zu einer Antwort.
Hat der 2♣-Eröffner eine unausgeglichene Hand, zeigt er das durch Rückgebot in einer Farbe an. Dieses **Farbrückgebot nach 2♣-Eröffnung forciert zum Weiterreizen, bis ein Vollspiel erreicht ist.** Der Antworter darf also nicht passen, bevor einer von beiden ein volles Spiel gereizt hat. Ist die Hand des Eröffners ausgeglichen verteilt, so zeigt er das durch Rückgebot von 2SA. **Nach einem 2SA-Rückgebot darf der Antworter passen**, falls er mit dem Rückgebot einverstanden ist. Hier sind einige Hände, die mit 2♣ eröffnet werden:

♠ AD9	♠ AKD95	♠ AB4
♥ AKD	♥ AKDB2	♥ AKDB874
♦ KDB10	♦ 7	♦ AKB
♣ K107	♣ A6	♣ -

In der ersten Hand besitzen Sie ein starkes, ausgeglichenes Blatt mit 24 FP. Für eine 1SA-Eröffnung (12-14 FP) oder für eine Farb-Eröffnung mit anschließendem 1SA-Rückgebot (15-16 FP), 2SA-Rückgebot (17-18 FP) oder 3SA-Rückgebot (19+ FP) sind Sie viel zu stark. Eröffnen Sie deshalb mit 2♣ und zwingen Sie dadurch Ihren Partner zu einer Antwort. Nach seiner Antwort haben Sie Gelegenheit, durch das Rückgebot 2SA Ihre Hand genauer zu beschreiben. Dann weiß Ihr Partner, daß Sie mit einer ausgeglichenen Hand und mindestens 23 Punkten eröffnet haben, und kann passen oder auf Vollspiel heben.

Mit der zweiten Hand sind Sie fast schon aus eigenen Kräften stark genug für ein volles Spiel. Sie wissen aber nicht, ob Vollspiel in Coeur oder in Pik günstiger ist. Eröffnen Sie deshalb 2♣. Ihr Partner darf ja nicht schweigen. Nach seiner Antwort reizen Sie zunächst 2♠, die höhere der beiden 5er Farben. Sie müssen dabei nicht befürchten, daß Ihr Partner jetzt paßt, denn Ihr Farbrückgebot forciert zum Vollspiel. Der Antworter darf vor Erreichen eines vollen Spiels nicht passen. In der dritten Bietrunde nennen Sie dann Coeur, und Ihr Partner wird sich für eine der beiden genannten Farben entscheiden.
Mit der dritten Hand wissen Sie, daß nur ein Vollspiel in Coeur in Frage kommt. Auch wenn Ihr Partner eine figurenlose Hand mitbringt, sollten Sie in der Lage sein, ohne Schwierigkeiten zehn Stiche zu gewinnen: sieben Coeur-Stiche, zwei Karo-Stiche und einen Pik-Stich. Nach Ihrer 2♣-Eröffnung und jeder Antwort Ihres Partners werden Sie deshalb unmittelbar auf 4♥ springen.

Antworten auf 2♣-Eröffnung

Natürlich müssen Sie auch wissen, wie Sie als Antworter reagieren sollen, wenn Ihr Partner mit 2♣ eröffnet hat. Nehmen wir an, Ihr Partner hat 2♣ eröffnet, Ihr Gegner zur Rechten hat gepaßt, und Sie halten folgende Hand:

♠ 973	♠ AB1098	♠ K84
♥ B1063	♥ 102	♥ D102
♦ 84	♦ K87	♦ K73
♣ 7642	♣ 653	♣ B965

Sie wissen zwar, daß Ihr Partner sehr stark ist - er hat ja mindestens 23 Punkte bekanntgegeben - aber was für ein trauriges Blatt haben Sie in der ersten Teilung erhalten! Nur 1 FP und keine lange Farbe! Sollen Sie damit wirklich reizen? Können Sie das Ihrem Partner antun?
Keine unangebrachte Bescheidenheit! Ihr Partner hat 2♣ eröffnet und durch dieses Eröffnungsgebot **verlangt**, daß Sie etwas sagen. Da jede Eröffnung mit 2♣ forciert, dürfen Sie nicht passen. Selbst mit einer Hand ohne Punkte müssen Sie ein Gebot abgeben, damit Ihr Partner anschließend die Möglichkeit erhält, seine Hand weiter zu beschreiben. So, wie die Eröffnung ein künstliches Gebot ist, um eine starke Hand

mit 23 oder mehr Punkten zu signalisieren, gibt es auch für eine negative Antwort, für jede schwache Hand des Antworters, ein **künstliches Antwort-Gebot**: 2♦. Dieses Gebot hat ebensowenig mit der Farbe Karo zu tun wie 2♣ als Eröffnungsgebot mit der Farbe Treff. Beides sind künstliche Gebote. 2♦ als Antwort auf eine 2♣-Eröffnung sagt dem Partner lediglich: ich habe 0-7 Punkte. Ihre Antwort mit der ersten Hand lautet also 2♦.

Hände zwei und drei sind stark genug für eine positive Antwort. Mit 8 oder mehr Punkten und einer starken 5er oder längeren Farbe werden Sie Ihre starke Farbe nennen. Mit allen anderen Händen (also ohne starke 5er Farbe) müssen Sie, sofern Sie über mindestens 8 Punkte verfügen, 2SA antworten. Mit der zweiten Hand antworten Sie also 2♠. Ihr Partner weiß jetzt, daß Sie mehr als 7 Punkte besitzen und über ein 5er Pik verfügen. Er kann nun beurteilen, ob seine und Ihre Hand für einen Schlemm-Kontrakt stark genug sind.

Ihre dritte Hand ist ausgeglichen verteilt und hat 9 FP. Antworten Sie deshalb positiv: 2SA. Das beschreibt dem Partner Ihre Hand sehr genau und ermöglicht ihm zu entscheiden, ob Schlemm oder nur Vollspiel möglich ist und in welcher Denomination gespielt werden soll.

12.2 Die Eröffnung mit 2♦, 2♥ oder 2♠

Eine Eröffnung mit 2♦, 2♥ oder 2♠ ist stark, nicht ganz so stark wie eine 2♣-Eröffnung, aber stärker als ein Erstgebot auf der Einerstufe. Blätter, die so eröffnet werden, sind unausgeglichen verteilt und versprechen eine Hand mit mindestens acht Spielstichen. Wichtig ist eine starke 5er, 6er oder noch längere Farbe, so daß schon geringe Unterstützung durch den Partner ein Vollspiel ermöglicht. Starke Trumpffarbe und sichere acht Gewinnstiche sind wichtiger als die Addition von Figurenpunkten.

Da Blätter mit 23 oder mehr Punkten durch das künstliche Gebot 2♣ eröffnet werden, ist es logisch, daß 2♦-, 2♥- und 2♠-Eröffnungen maximal 22 FP beinhalten. Möchte man eine Mindeststärke zugrunde legen, sollte man davon ausgehen, daß derartige Hände mit acht Spielstichen erfahrungsgemäß mindestens 16 FP erfordern, meistens mehr. In jedem Fall aber sind für eine Eröffnung mit 2♦, 2♥ oder 2♠ außer einer Hand mit acht oder mehr Spielstichen auch eine starke 5er oder längere Farbe Voraussetzung.

Im Gegensatz zur "künstlichen" 2♣-Eröffnung sind Eröffnungen mit 2♦, 2♥ oder 2♠ **"natürliche Gebote"**, d.h. sie meinen das, was sie sagen: eine 2♦-Eröffnung zeigt eine Hand mit starker Karofarbe, eine 2♥-Eröffnung ist stark in Coeur und eine 2♠-Eröffnung beschreibt eine Hand mit starker Pikfarbe. Da 2♣ für künstliche, farbunabhängige Eröffnungsgebote mit sehr starken Händen reserviert ist, kann man starke Farben auf der Zweierstufe nur in Karo, Coeur oder Pik eröffnen. Für eine starke Treffhand mit acht oder mehr Spielstichen gibt es bedauerlicherweise keine natürliche 2♣-Eröffnung. Wollen Sie ein Blatt mit starker Treff-Farbe anzeigen, müssen Sie je nach Stärke Ihrer Hand zwischen dem Eröffnungsgebot 1♣ oder der künstlichen Eröffnung 2♣ mit anschließendem 3♣-Rückgebot wählen.
Die 2er Eröffnungen in Karo, Coeur und Pik sind **"semiforcing"**, d.h. sie forcieren den Antworter zu mindestens einem Gebot. Der Partner des Eröffners darf nicht passen.

Hier sind einige Beispielhände für starke Farb-Eröffnungen:

♠ A852	♠ AKD109	♠ B107
♥ AKD1097	♥ AKB96	♥ A7
♦ -	♦ KD	♦ ADB10976
♣ A63	♣ 7	♣ A

Mit der ersten Hand werden Sie 2♥ eröffnen. Sie stellen 17 FP fest und können mit sechs Coeur-Stichen und je einem Stich in Pik und Treff rechnen. Ihr Gebot ist semiforcing. Ihr Partner ist nur zu **einer** Antwort verpflichtet. Zeigt seine Antwort Schwäche, werden Sie mit dieser Hand in einem Teilkontrakt bleiben.
Die zweite Hand hat zwei gute 5er Farben. Mit Ihren 22 FP sind Sie so stark, daß Sie für ein volles Spiel vom Partner nur geringe Unterstützung benötigen. Noch aber wissen Sie nicht genau, welchen Kontrakt Sie spielen werden und woher letztlich Ihre acht Spielstiche kommen. So starke Zweifärber eröffnet man gewöhnlich auf der Zweierstufe, denn man will verhindern, daß der Partner paßt. Sie möchten Ihrem Partner unbedingt beide 5er Farben zeigen und hoffen, daß ihm eine der beiden Farben als Trumpffarbe angenehm ist. Bei zwei 5er oder zwei 6er Farben beginnen Sie mit der höheren Farbe, um nach der Antwort

Ihres Partners die zweite Farbe zu nennen. Ihr Eröffnungsgebot lautet also 2♠.
Auch die dritte Hand garantiert acht Spielstiche: mindestens sechs Trumpfstiche, wenn Karo Trumpf ist, und je einen Stich in Coeur und Treff. Trotz des fehlenden ♦K sollten Sie 2♦ eröffnen, damit Ihr Partner weiß, daß Ihnen für ein volles Spiel nicht allzu viel fehlt.

Antworten auf Eröffnungen mit 2♦, 2♥ oder 2♠

Die Eröffnung Ihres Partners auf der Zweierstufe in den Farben Karo, Coeur oder Pik ist - wie Sie gehört haben - semiforcing. Sie müssen zumindest einmal antworten, auch mit einer sehr schwachen Hand. Für eine negative Antwort, wenn Sie also mit einer schwachen Hand ausgestattet sind, benötigen Sie - analog zur künstlichen 2♦-Antwort nach der künstlichen 2♣-Eröffnung - ein "Negativ-Gebot". Dieses Negativ-Gebot lautet 2SA. Eine 2SA-Antwort nach 2♦-, 2♥- oder 2♠-Eröffnung zeigt ein schwaches Blatt mit 0 -7 Punkten. Jede andere Antwort ist positiv und signalisiert 8 oder mehr Punkte. Die 2SA-Antwort bedeutet nicht etwa, daß Sie 2SA spielen möchten oder Ihrem Partner einen SA-Kontrakt vorschlagen. 2SA ist lediglich ein **künstliches Absage-Gebot**.
Haben Sie negativ geantwortet, also 2SA gereizt, ist dem Eröffner Gelegenheit für sein Rückgebot gegeben. Besitzen Sie als Antworter ein sehr schwaches Blatt, können Sie danach passen.
Haben Sie positiv geantwortet, sind Sie verpflichtet, nach dem Rückgebot Ihres Partners bis zu einem Vollspiel weiterzureizen.
Sehen Sie sich dazu einige Beispiele an. Ihr Partner hat 2♥ eröffnet, Ihr rechter Gegner hat gepaßt. Wie antworten Sie mit folgenden Händen:

♠ AB9875	♠ 98	♠ 74
♥ 9	♥ 63	♥ K96
♦ 95	♦ D1063	♦ AB73
♣ KD73	♣ B8542	♣ 10853

Mit Ihrer ersten Hand können Sie die Farbe Ihres Partners nicht unterstützen. Aber Sie sind stark genug für eine positive Antwort und können Ihre 6er Farbe nennen. Reizen Sie 2♠. Damit verpflichten Sie sich weiterzureizen, bis Sie und Ihr Partner, der ja acht Spielstiche und ein Minimum von 16 FP garantiert hat, ein Vollspiel erreicht haben. In

welcher Denomination Sie spielen werden, wird nach Ihrer 2♠-Antwort die weitere Auktion ergeben.
Die 3 FP Ihrer zweiten Hand lassen nur ein negatives Gebot zu. Ihre Antwort lautet deshalb 2SA. Sie wissen: Die 2SA-Antwort auf eine 2♥-Eröffnung Ihres Partners bedeutet nicht, daß Sie einen 2SA-Kontrakt vorschlagen. Ihr Partner hat durch seine 2♥-Eröffnung ohnehin eine unausgeglichene Verteilung gezeigt und kaum Interesse an einem SA-Kontrakt. Er weiß, daß Ihre 2SA-Antwort ein künstliches Gebot ist und 0-7 Punkte signalisiert. Sein Rückgebot wird wahrscheinlich 3♥ lauten, worauf Sie nun passen können. Sie müssen nicht befürchten, daß Sie Ihrem Partner durch Ihr anschließendes Passen ein Vollspiel blockieren. Wäre sein Blatt stärker, hätte er nicht 2♥ sondern 2♣ eröffnet.
Mit Ihren 8 FP in der dritten Hand sind Sie gerade stark genug für eine positive Antwort. Da Ihr Partner Coeur auf der Zweierstufe eröffnet hat, können Sie davon ausgehen, daß er mindestens fünf Karten in dieser Farbe besitzt und Sie ihn schon mit einem 3er Coeur heben können. Antworten Sie 3♥. Ihr Partner weiß nach Ihrer positiven Antwort, daß Ihre Partei im Vollspielbereich liegt. Nachdem nun ein Farbfit gefunden wurde, hat er noch genügend Bietraum, um zu untersuchen, ob nur ein Vollspiel oder vielleicht sogar ein Schlemm in Coeur möglich ist.

12.3 Die 2SA-Eröffnung

Sie werden sich erinnern, daß wir bereits mehrfach über die Eröffnung von Blättern mit ausgeglichener Verteilung gesprochen haben. Wir haben festgestellt, daß ausgeglichene Hände mit 12-14 FP durch 1SA eröffnet werden, Hände mit 15 oder mehr FP und ausgeglichener Verteilung durch Anreizen der längsten Farbe, gefolgt von einem der Punktstärke entsprechenden SA-Rückgebot. Sehr starke ausgeglichene Hände mit 23 oder mehr FP werden, wie wir gesehen haben, durch das künstliche Gebot 2♣ mit anschließendem 2SA-Rückgebot bekanntgegeben. Durch diese Eröffnungen bzw. Rückgebote werden ausgeglichene Blätter mit 12-19 sowie 23 und mehr FP abgedeckt:

12-14 FP	1SA-Eröffnung
15-16 FP	Farb-Eröffnung + 1SA-Rückgebot
17-18 FP	Farb-Eröffnung + 2SA-Rückgebot
19+ FP	Farb-Eröffnung + 3SA-Rückgebot
23+ FP	2♣-Eröffnung + 2SA-Rückgebot

Wie Sie sehen, bleibt eine Lücke für Blätter mit ausgeglichener Verteilung und 20-22 FP. Diese Hände werden durch Sans Atout auf der Zweierstufe eröffnet. Zu beachten ist dabei, daß bei einer 2SA-Anreizung neben ausgeglichener Verteilung (im Gegensatz zu 1SA-Eröffnungen) auch Stopper in jeder Farbe erforderlich sind. Wie eine 1SA-Eröffnung ist auch die 2SA-Eröffnung ein klar definiertes Gebot. Der Eröffner garantiert 20-22 FP, eine ausgeglichene Hand und Stopper in jeder Farbe. Mit diesem Limit -Gebot hat der Eröffner dem Partner bereits alles mitgeteilt, was dieser für seine Antwort wissen muß. Er wird nur dann noch etwas sagen, wenn er dazu gezwungen wird.

Hier sind einige Hände, die mit 2SA eröffnet werden müssen:

♠ AD9	♠ AD95	♠ KB9
♥ KD	♥ KD6	♥ AD7
♦ AD94	♦ AB9	♦ K108
♣ KD85	♣ KB7	♣ ADB2

Alle Hände sind 20-22 FP stark und ausgeglichen verteilt. In jeder Farbe besitzt der Eröffner einen Stopper.

Antworten auf 2SA-Eröffnung

Wie reagiert nun der Partner? Nach einer 2SA-Eröffnung ist der Antworter Kapitän. Er darf passen, wenn er schwach ist, wenn er also nur 0-3 oder 4 Punkte hat. Mit einem stärkeren Blatt wird er auf Vollspiel gehen. Ist seine Hand ausgeglichen verteilt, hebt er seinen Partner auf 3SA. Mit einer 6er oder längeren Oberfarbe wird er sofort auf Vollspiel in der betreffenden Oberfarbe springen. Hält er nur fünf Karten in der Oberfarbe, bietet er 3♥ bzw. 3♠ und lädt dadurch seinen Partner ein, zwischen 3SA und Vollspiel in der Oberfarbe zu entscheiden.
Ihr Partner hat mit 2SA eröffnet, Ihr rechter Gegner hat gepaßt. Wie antworten Sie mit folgenden Händen:

♠ 6	♠ B63	♠ 983	♠ A9742
♥ KB10532	♥ 962	♥ D102	♥ 103
♦ 852	♦ 10963	♦ KB96	♦ 84
♣ D87	♣ B52	♣ 764	♣ DB74

Mit der ersten Hand wissen Sie als Antworter, daß nur Vollspiel in Frage kommt. Sie wissen auch, daß Ihr Partner mindestens zwei Karten in Coeur hält (sonst hätte er nicht SA angereizt) und Sie dadurch einen 6-2 Fit in dieser Farbe gefunden haben. Springen Sie sofort in Vollspiel: 4♥.
Mit Ihren 2 FP in der zweiten Teilung werden Sie passen und hoffen, daß Ihr Partner trotz Ihrer ärmlichen Hand in der Lage ist, acht Stiche zu gewinnen.
Die dritte Hand ist ebenso ausgeglichen wie die zweite. Diesmal aber sind Sie stärker. Mit Ihren 6 FP und den Punkten Ihres Partners sind Sie stark genug für 3SA.
Auch die vierte Hand erlaubt Vollspiel. Sie haben gemeinsam mindestens 27 Punkte. Falls Ihr Partner ein 3er Pik hält, könnte Ihr Kontrakt 4♠ lauten. Besitzt er in Pik nur ein Doubleton, wäre 3SA besser. Antworten Sie deshalb 3♠. Dieses Gebot fordert Ihren Partner auf, zwischen Vollspiel in Pik und Sans Atout zu entscheiden.

Zusammenfassung:

1. Starke Hände werden durch Eröffnungsgebote auf der Zweierstufe angezeigt.

2. Stärkstes Eröffnungsgebot ist 2♣. Eine 2♣-Eröffnung hat mit der Farbe Treff nichts zu tun, sondern ist ein künstliches Gebot, durch das der Eröffner eine sehr starke Hand mit 23 oder mehr Punkten zeigt.

3. Eine mit 2♣ eröffnete Hand kann ausgeglichen oder unausgeglichen verteilt sein und forciert den Partner zu antworten. Durch sein anschließendes Rückgebot beschreibt der Eröffner sein Blatt genauer.

4. Hat der Eröffner eine unausgeglichene Hand, so zeigt er das durch ein Farb-Rückgebot. Dieses Rückgebot forciert den Antworter zur Weiterreizung, bis Vollspiel erreicht ist.

5. Ist seine Hand ausgeglichen verteilt, so zeigt er das durch ein SA-Rückgebot. Der Antworter darf nun passen, wenn er will.

6. Antworten auf eine 2♣-Eröffnung:

0-7 Punkte	2♦ (künstliches Gebot)
8+ Punkte + mind. 5er Farbe	2♥/2♠/3♣/3♦
8+ Punkte + ausgegl. Verteilung.	2SA

7. Eröffnungen mit 2♦, 2♥ oder 2♠ versprechen eine Hand mit mindestens acht Spielstichen, eine starke 5er oder längere Farbe und maximal 22 FP.

8. Eröffnungen mit 2♦, 2♥ und 2♠ sind semiforcing, d.h. sie zwingen den Antworter zu mindestens einem Gebot.

9. Antworten auf eine 2♦-, 2♥- oder 2♠-Eröffnung:

0-7 Punkte	2SA (künstliches Gebot)
8+ Punkte	Farb-Antwort

10. Eine 2SA-Eröffnung zeigt eine ausgeglichene Hand mit Stoppern in jeder Farbe und 20-22 FP.

11. Antworten auf eine 2SA-Eröffnung:

0-3 FP	Passe
4+ FP	Vollspiel-Reizung

Quiz 13

1. Was eröffnen Sie mit folgenden Händen:

a)	b)	c)	d)
♠ KD2	♠ AKDB53	♠ 109	♠ K6
♥ ADB10	♥ 4	♥ AKD10985	♥ AB7
♦ KB9	♦ KD	♦ A2	♦ AKB98
♣ AB8	♣ AKB10	♣ KD	♣ AD8

2. Ihr Partner hat 2SA eröffnet. Ihr rechter Gegner hat gepaßt. Wie lautet Ihre Antwort mit folgenden Händen:

a)	b)	c)
♠ 962	♠ DB2	♠ AD8542
♥ D103	♥ KD10	♥ 1093
♦ D854	♦ DB75	♦ 1084
♣ K76	♣ AK4	♣ 6

d)
♠ -
♥ AD 8
♦ B97
♣ KD106432

3. Ihr Partner hat 2♣ eröffnet. Ihr rechter Gegner hat gepaßt. Was antworten Sie mit folgenden Händen:

a)	b)	c)
♠ 108632	♠ D1075	♠ 94
♥ 974	♥ B85	♥ AD875
♦ D97	♦ K92	♦ KB102
♣ 84	♣ D64	♣ 86

4. Ihr Partner hat 2♠ eröffnet. Ihr rechter Gegner hat gepaßt. Was antworten Sie mit folgenden Händen:

a)	b)	c)
♠ D84	♠ 53	♠ 54
♥ D92	♥ 10	♥ 1085
♦ K1053	♦ 97642	♦ ADB62
♣ B102	♣ D10865	♣ D107

13. Schlemm-Reizung

Mehrfach schon begegneten Ihnen die Begriffe Klein-Schlemm und Groß-Schlemm. Sie wissen, daß man bei zwölf Gewinnstichen von einem Klein-Schlemm spricht und bei 13 von einem Groß-Schlemm. Auch über die im Vergleich zu einem erfüllten Vollspiel lukrativeren Prämien für einen erfüllten Schlemm haben Sie bereits gehört. Nicht untersucht jedoch haben wir bisher, wie die Partner feststellen können, ob ihre gemeinsame Punktstärke für einen Schlemm ausreicht und ob

auch die Verteilung in den beiden Händen für ein Großspiel geeignet ist.
Sie erinnern sich, daß Sie und Ihr Partner mit 33 oder mehr Punkten im Bereich eines Klein-Schlemms und mit mindestens 37 Punkten im Bereich eines Groß-Schlemms liegen. Wenn immer Sie eine besonders starke Hand halten oder Ihr Partner große Stärke zu erkennen gibt, sollten Sie deshalb sehr genau zählen. Sie müssen versuchen, gemeinsam mit Ihrem Partner durch Addition Ihrer Punkte festzustellen, ob Sie Schlemmsstärke erreichen. Hat einer von Ihnen auf der Zweierstufe eröffnet, wird der andere stets die Möglichkeit eines Schlemms in seine Überlegungen einbeziehen. Aber nicht nur nach Eröffnung auf der Zweierstufe kann Schlemm erreicht werden. Auch wenn auf der Einerstufe angereizt worden ist, kann gelegentlich die Möglichkeit eines Schlemms erkannt werden.

Schlemm-Reizung nach 2♣-Eröffnung

Hat einer der Partner 2♣ eröffnet und der andere positiv geantwortet, also 8 oder mehr Punkte gezeigt, so wissen beide bereits nach der ersten Bietrunde, daß sie gemeinsam über mindestens 31 Punkte verfügen und nicht mehr allzu viel benötigen, um zumindest im Bereich eines Klein-Schlemms zu liegen. Erstes Ziel ist natürlich, die für die Partnerschaft günstigste Denomination zu finden. Ist das geschehen, ist also Übereinstimmung über eine bestimmte Farbe oder Sans Atout erzielt worden, kann derjenige von beiden, der über ausreichende zusätzliche Stärke verfügt, direkt auf die Sechser- oder Siebenerstufe gehen, also Schlemm reizen.
Sehen Sie sich hierzu eine Bietfolge an:

Nord	Ost	Süd	West
2♣	Passe	2♠	Passe
3♠	Passe	?	

Nord eröffnet mit dem stärksten Gebot und verspricht damit 23 FP. Süd antwortet positiv, hat also mindestens 8 FP. Durch das Rückgebot von Nord wird Pik bestätigt und Farbübereinstimmung erzielt. Natürlich wissen jetzt beide, daß sie gemeinsam erheblich reicher an Punkten sind als für ein Vollspiel nötig. Vollspiel in Pik ist also gewiß. Aber Nord

will mehr: er hat nicht 4♠ gereizt sondern 3♠, ein abwartendes Gebot. Er möchte seinen Partner fragen, ob dieser mehr als nur Vollspiel sieht. Falls Süd über zusätzliche Stärke verfügt, wird er auf 6♠ gehen.
Sie sind Süd und haben auf die 2♣-Eröffnung Ihres Partners 2♠ geantwortet. Wie lautet Ihr Rückgebot, nachdem Nord auf 3♠ gehoben hat:

♠ AD973	♠ KD854	♠ ADB1083
♥ 92	♥ D32	♥ 98
♦ K75	♦ 1063	♦ 964
♣ B103	♣ 62	♣ 82

In der ersten Hand besitzen Sie 10 FP + 1 LP für die fünfte Karte in Pik. Sie sind also gemeinsam stark genug für einen Klein-Schlemm. Springen Sie auf 6♠.
Nur ganz knapp haben Sie sich mit der zweiten Hand zu einer positiven Antwort entschließen können. Mit 7 FP + 1 LP besitzen Sie keine zusätzliche Stärke. Ein Schlemm ist deshalb aus Ihrer Sicht nicht möglich. Ihr Rückgebot lautet 4♠. Sollte sich Ihr Partner dennoch stark genug fühlen - er könnte ja mit mehr als 23 Punkten eröffnet haben -, kann er weitergehen.
In etwas günstigerer Lage sind Sie mit Ihrer dritten Hand. Zwar zählen Sie wieder nur 7 FP, aber sie besitzen ein 6er Pik, können also 2 zusätzliche Punkte für die Länge berechnen. Die Möglichkeit eines Klein-Schlemms ist dann gegeben, wenn Ihr Partner etwas mehr als nur Minimum hat. Reizen Sie über das Vollspiel hinaus: 5♠. Ihr Partner kann jetzt auf 6♠ heben, falls er stärker ist, oder passen, falls er nur 23 FP hält.

Schlemm-Reizung nach Eröffnung auf der Einerstufe

Auch nach Eröffnung auf der Einerstufe kann manchmal einer der Partner nach dem Rückgebot des anderen aufgrund eigener Blattstärke feststellen, daß die gemeinsame Punktstärke in der Nähe des Schlemm-Bereichs liegt. Lassen Sie uns auch dafür eine Bietfolge betrachten:

Nord	Ost	Süd	West
1♦	Passe	1♥	Passe
2SA	Passe	?	

Was wissen die Partner voneinander? Nord hält eine ausgeglichene Hand mit 17 oder 18 FP. Das hat sein Rückgebot gezeigt. Karo ist seine längste Farbe. Süd hält vier oder mehr Karten in Coeur und mindestens 6 Punkte. Um Vollspiel zu erreichen, muß Süd mehr als nur Minimum haben.

Stellen Sie sich vor, Sie sind Süd und halten folgende Hände:

♠ 93	♠ K76	♠ D
♥ AK1032	♥ AK103	♥ ADB985
♦ 1072	♦ B72	♦ A93
♣ D84	♣ AD5	♣ KD5

Mit der ersten Hand und Ihren 9 FP sind Sie stark genug für ein Vollspiel, nicht mehr. Ihr Rückgebot lautet 3SA.
Die zweite Hand bietet weit mehr als die für Vollspiel benötigten Punkte. Ihre 17 FP und die 17 oder 18 FP des Partners reichen für einen Klein-Schlemm aus. Mit Sans Atout sind Sie einverstanden. Ihr Rückgebot lautet 6SA.
Ihre dritte Hand ist natürlich stark genug für einen Schlemm. Und Sie haben eine sehr gute 6er Farbe. Von Ihrem Partner können Sie mindestens zwei Karten in Coeur erwarten. Ihr Rückgebot ist 6♥.

Zusammenfassung:

1. Für einen Klein-Schlemm (12 Gewinnstiche) sind normalerweise mindestens 33 Punkte, für einen Groß-Schlemm (Gewinn aller 13 Stiche) 37 Punkte erforderlich.

2. Voraussetzung für einen Schlemm in einem Farbspiel ist außer der erforderlichen Punktstärke ein guter Fit.

3. Durch Addition ihrer Punkte stellen die Partner fest, ob ihre gemeinsame Stärke für Schlemm ausreicht oder nur für Vollspiel.

4. Ausreichende Stärke für einen Schlemm ist oft dann zu erwarten, wenn einer der Partner mit einem Gebot auf der Zweierstufe eröffnet oder große Stärke durch sein Rückgebot gezeigt hat.

14. Konventionen

Sicher werden Sie überrascht sein, einen Abschnitt zum Thema Konventionen in einem Bridgebuch zu finden. Sie werden fragen: Was hat Konvention mit Bridge zu tun? Unter "**Konvention**" verstehen Bridgespieler ein Gebot, dessen inhaltliche Bedeutung mit der Wortbedeutung nicht übereinstimmt. Eine Konvention ist ein künstliches Gebot, das in der Denomination oder in der Biethöhe oder in beidem nicht dem entspricht, was es aussagt.
Drei künstliche Gebote haben wir bereits kennengelernt: 2♣, 2♦ und 2SA. Sie erinnern sich: 2♣ als Eröffnungsgebot bedeutet nicht etwa, daß der Eröffner notwendigerweise ein langes Treff besitzt, sondern daß er über eine besonders starke Hand verfügt. Und wenn sein Partner 2♦ antwortet, möchte er nicht etwa einen Karo-Kontrakt vorschlagen sondern dem Eröffner mitteilen, daß er mit weniger als 8 Punkten ausgestattet ist. Ebenso bedeutet 2SA als Antwort auf eine starke 2♦-,2♥- oder 2♠-Eröffnung nicht, daß der Antworter gern Sans Atout spielen möchte, sondern daß er nur 0-7 Punkte besitzt.
Leichter wäre es selbstverständlich, wenn man Bridge nur "natürlich" spielte, wenn ein Gebot in Treff immer Treff meinen würde und ein Coeur-Gebot immer Coeur. Dennoch stimmen die meisten Bridgespieler darin überein, daß es sehr sinnvoll ist und die Kommunikation der Partner in einer Auktion erleichtern kann, wenn einige Gebote in bestimmten Reizsituationen einen neuen Inhalt, eine künstliche, konventionelle Bedeutung erhalten, die von der ursprünglichen Bedeutung abweicht. Die Verwendung einer Konvention ist natürlich nur dann sinnvoll, wenn sich beide Partner über die Konvention verständigt haben und beide dieselbe Konvention spielen. Es gibt sowohl allgemein bekannte und von vielen Spielern angewandte Konventionen als auch spezielle partnerschaftliche Übereinkünfte, durch die für zwei regelmäßige Partner bestimmte Gebote eine neue, künstliche Bedeutung erhalten. Wichtig ist, daß nicht nur die Partner einander verstehen, wenn sie Konventionen benutzen, sondern daß auch die Gegner darüber unterrichtet werden, welche Konventionen mit welcher Bedeutung die Gegner vereinbart haben.
Wir möchten Ihnen empfehlen, aus der viel zu großen Zahl von Konventionen so wenige wie möglich in Ihr Bridge-"Repertoire" aufzunehmen. Wir stellen Ihnen deshalb hier auch nur zwei Konventionen vor,

die weltweit von vielen Bridgespielern angewandt werden und die zum gegenwärtigen Zeitpunkt für Ihre Bridge-Kommunikation ausreichen.

14.1 Die Stayman-Konvention

Die Stayman-Konvention (meist kurz "**Stayman**" genannt) wird nur nach einer SA-Eröffnung angewendet. Aus welchem Grund der Amerikaner Sam Stayman diese Konvention erfunden hat und warum jetzt kaum ein Bridgespieler ohne diese Konvention auskommt, zeigt dieses Beispiel:

Nord	Süd
♠ AD85	♠ K643
♥ K107	♥ AD5
♦ AB93	♦ KD82
♣ 84	♣ 76

Nord ist Teiler und eröffnet mit seiner ausgeglichenen Hand und 14 FP 1SA. Nachdem Ost gepaßt hat, wird Süd mit ebenfalls 14 FP natürlich auf Vollspiel gehen. Da er von seinem Partner weiß, daß dieser mindestens 12 FP und auch eine ausgeglichene Hand besitzt, liegt es nahe, auf 3SA zu springen, in einen Kontrakt, der bei günstigem Angriff problemlos gewonnen wird und bei normaler Verteilung sogar zwei Überstiche bringt.
Was aber passiert, wenn die Gegner mit Treff angreifen? Wie Sie sehen, haben Nord/Süd in Treff keinen Stopper.
Die Gegner könnten fünfmal Treff spielen und dann die ersten fünf Stiche gewinnen. Das Ergebnis wäre ein Faller. Und das, obwohl bei Nord/Süd 28 FP sind! Der Grund für dieses vermeidbare Übel ist, daß Nord und Süd von ihrem 4-4 Fit in Pik nichts wußten. Mit Vollspiel in Pik statt in Sans Atout nämlich könnten die Gegner nur zwei Treff-Stiche gewinnen. Bereits das dritte Treff würde von Nord/Süd getrumpft werden.
Wie nun können Nord/Süd nach SA-Eröffnung feststellen, ob sie in einer der beiden Oberfarben einen 4-4-Fit besitzen? Ein natürliches Gebot dafür nach der 1SA-Eröffnung gibt es nicht. Würde Süd 2♠ antworten, so wäre das ein Abschlußgebot. Nord müßte passen. 3♠ als Antwort würde zwar Vollspielstärke signalisieren und den Eröffner for-

cieren, aber gleichzeitig fünf Karten in Pik versprechen. Nord würde schon mit einem 3er Pik auf Vollspiel in Pik heben können. Ein direkter Sprung in 4♠ nach der 1SA-Eröffnung wäre nur mit einem 6er Pik möglich, denn der 1SA-Eröffner könnte ja mit zwei kleinen Pik angereizt haben (vergleichen Sie dazu Abschnitt 3.1).
Sam Stayman hat für dieses Problem eine großartige Lösung gefunden: er benutzt das Gebot 2♣ und gibt ihm einen neuen Inhalt. **2♣ als Antwort auf eine 1SA-Eröffnung** ist ein künstliches Gebot, das dem Partner zumindest **eine** 4er Oberfarbe verspricht und ihn fragt, ob dieser eine 4er Oberfarbe besitzt. Normalerweise wird der Stayman Bietende mindestens 11 FP haben. Der Eröffner muß auf diese 2♣-Frage antworten. Er darf nicht passen. Das Rückgebot des Eröffners kann lauten:

2♠	ich habe ein 4er Pik oder
2♥	ich habe ein 4er Coeur oder
	ein 4er Coeur und ein 4er Pik

Was aber antwortet der Eröffner, wenn er weder ein 4er Coeur noch ein 4er Pik besitzt? Hierfür hält Stayman ein weiteres künstliches Gebot bereit: 2♦. 2♦ ist also, ähnlich wie bei der 2♦-Antwort auf eine 2♣-Eröffnung, eine negative Antwort und sagt nichts über die Farbe Karo aus. 2♦ ist Teil der Stayman-Konvention. Ein drittes mögliches Rückgebot des Eröffners ist also

2♦	ich habe keine 4er Oberfarbe

Lassen Sie uns zurückkehren zu den Händen von Nord und Süd. Nachdem die beiden die Stayman-Konvention gelernt haben, laufen sie nicht durch eine 1SA - 3SA - Reizung ins offene Verderben, sondern werden folgendermaßen bieten:

Nord	Süd
1SA	2♣
2♠	4♠

Süd fragt seinen Partner, ob er eine 4er Oberfarbe besitzt. Nord zeigt seine 4er Farbe in Pik, und Süd kann nun mit seinem eigenen 4er Pik und seinen 14 FP auf Vollspiel in Pik heben.

Sehen Sie sich folgende Reizung an:

Nord	Süd
1SA	2♣
?	

Sie sind Nord. Wie lautet Ihr Rückgebot mit folgenden Händen:

♠ D95	♠ A1094	♠ A105	♠ A874
♥ A874	♥ A75	♥ A92	♥ A1084
♦ A6	♦ D103	♦ D1065	♦ D95
♣ A1084	♣ DB9	♣ K93	♣ A6

Ihr Partner hat Stayman gereizt. Er muß also selbst mindestens **eine** 4er Oberfarbe halten und möchte von Ihnen wissen, ob auch Sie vier Karten in einer der beiden Oberfarben besitzen.
In Ihrem Rückgebot nennen Sie jeweils Ihre 4er Oberfarbe und antworten deshalb mit Ihrer ersten Hand 2♥ und mit der zweiten 2♠.
Da Sie in Ihrer dritten Hand ohne 4er Oberfarbe sind, lautet hier Ihre Antwort 2♦. Sie wissen: dieses Gebot ist ein künstliches Gebot, hat mit der Farbe Karo nichts zu tun, sondern teilt Ihrem Partner mit: "Ich habe keine 4er Oberfarbe".
Ihr Rückgebot mit der vierten Hand lautet 2♥. Mit zwei 4er Oberfarben nennen Sie die niedrigere Farbe zuerst.

Stellen Sie sich nun vor, Sie sitzen auf Süd. Ihr Partner hat 1SA eröffnet, und Sie haben mit dieser Hand (es ist die Süd-Hand aus unserem obigen Beispiel) Stayman gereizt:

♠ K643
♥ AD5
♦ KD82
♣ 76

Lassen Sie uns jetzt annehmen, Ihr Partner (Nord) habe nicht wie oben 2♠ geantwortet, sondern (mit jeweils einer anderen Eröffnungshand) einmal 2♥ und das andere Mal 2♦. Wie würde nun Ihr Rückgebot aussehen?
Mit 2♥ zeigt Ihr Partner ein 4er Coeur. Er könnte auch ein 4er Coeur **und** ein 4er Pik haben. Da Sie nur drei Karten in Coeur halten, nennen

Sie Ihre Pik. Aber nicht auf der Zweierstufe sondern auf der Dreierstufe, damit Ihr Partner weiß, daß Sie Vollspielstärke besitzen und er zwischen 4♠ und 3SA wählen soll. Hält er je vier Karten in Coeur und Pik, wird er auf 4♠ heben. Hat er ein 4er Coeur aber kein 4er Pik, wird er 3SA bieten. Ihr Rückgebot bei dieser Antwort lautet also 3♠.
Durch sein 2♦ hat Ihr Partner mitgeteilt, daß er in keiner Oberfarbe vier Karten besitzt. Ihr Rückgebot muß mit Ihrer Hand deshalb 3SA lauten.

Bisher sind wir stets davon ausgegangen, daß nach Nords 1SA-Eröffnung Süd eine 4er Oberfarbe besitzt und auch stark genug für ein Vollspiel ist, also 13 oder mehr FP hat. Wie nun verhält sich Süd als Antworter mit nur 11 oder 12 Punkten? Auch hierzu ein Beispiel:

Nord	Süd
1SA	?

Was antworten Sie als Süd mit folgender Hand:

♠ 854
♥ KD92
♦ A7
♣ D1043

Mit Ihren 11 FP wissen Sie nicht, ob Sie im Teilkontrakt- oder Vollspielbereich sind. Das hängt davon ab, ob Ihr Partner mit 12, 13 oder 14 FP eröffnet hat. Sie könnten seine Stärke - wie wir in Abschnitt 3.1 gesehen haben - natürlich durch das einladende Gebot 2SA erfragen. Das wäre in Ihrem Fall aber nicht genug. Sie möchten auch prüfen, ob Ihre gemeinsamen Hände für einen Kontrakt mit Coeur als Trumpffarbe oder für Sans Atout besser geeignet sind. Um das zu tun, reizen Sie Stayman, 2♣. Ihr Partner hat für sein Rückgebot jetzt die bekannten drei Antwort-Möglichkeiten: 2♥ , 2♠ oder 2♦. Lassen Sie uns untersuchen, wie Sie als Süd mit Ihrer Hand auf jedes dieser Rückgebote reagieren werden.

Nord	Süd
1SA	2♣
2♥	?

Sie wissen von Nord, daß er 12-14 FP und ein 4er Coeur besitzt. Ein Coeur-Fit ist also gefunden. Unklar ist allerdings noch, ob Sie gemeinsam stark genug für ein Vollspiel sind. Laden Sie Ihren Partner deshalb ein zu entscheiden. Reizen Sie 3♥. Ihr Partner wird das verstehen. Hat er mit 14 FP eröffnet, wird er auf 4♥ heben. Ist er schwächer, wird er passen.

Nord	Süd
1SA	2♣
2♠	?

Ihr Partner hat durch seine Antwort auf Ihre Stayman-Anfrage ein 4er Pik gezeigt. Da Sie keinen Fit gefunden haben, lautet Ihr nächstes Gebot 2SA - eine Einladung an Ihren Partner, mit Maximum auf 3SA zu gehen oder mit weniger Punkten zu passen.

Nord	Süd
1SA	2♣
2♦	?

Sie wissen von Ihrem Partner, daß er 12-14 FP ohne eine 4er Oberfarbe hat und Sie somit keinen Oberfarben-Fit "verpassen". Durch Ihr einladendes Rückgebot 2SA müssen Sie jetzt nur klären, ob Sie Vollspiel in Sans Atout haben oder im Teilkontrakt 2SA bleiben. Ihr Partner wird das durch seine Antwort entscheiden.

Zusammenfassung:

1. Die Stayman-Konvention ist ein künstliches 2♣-Gebot des Antworters nach 1SA-Eröffnung seines Partners.

2. Sie dient dazu, einen Oberfarben-Fit festzustellen.

3. Voraussetzungen für Stayman-Reizung des Antworters:

   - ausreichende Stärke für Vollspiel oder für ein zum Vollspiel einladendes Gebot (mindestens 11 Punkte)
   - mindestens **eine** 4er Oberfarbe

4. Antwort des Eröffners auf Stayman-Reizung:

2♦	keine 4er Oberfarbe
2♥	4er Coeur oder
	4er Coeur und 4er Pik
2♠	4er Pik

14.2 Die Blackwood-Konvention

Auch diese Konvention,1933 von dem Amerikaner Easley Blackwood erfunden, gehört heute bei den meisten Bridgespielern zum unverzichtbaren Rüstzeug. **"Blackwood"** wird angewendet, wenn die Partner in einer Auktion Farbübereinstimmung erzielt haben und einer der beiden, überzeugt von ausreichender Punktstärke für einen Schlemm, sicher gehen will, daß die Gegner nicht durch den Besitz von ein oder zwei Assen einen Schlemm-Kontrakt sofort zu Fall bringen können. Ein Beispiel möge das verdeutlichen:

Nord

♠ KD
♥ AB8543
♦ KD9
♣ A10

Nord eröffnet 1♥. Süd hebt sofort auf Vollspiel: 4♥. Mit seinen 21 Punkten (19 FP + 2 LP für sein 6er Coeur) sieht Nord nun nach der Antwort seines Partners die Möglichkeit eines Klein-Schlemms und springt bedenkenlos auf 6♥. Seine Enttäuschung ist groß, als Ost mit ♠ A angreift und sein Partner diese Dummyhand auf den Tisch legt:

Süd

♠ 7
♥ KD962
♦ B104
♣ KDB8

Nach Gewinn des ersten Stiches setzt Ost mit ♦ A fort. Ein Faller. Unnötig! Hätte Nord, statt übereifrig sofort auf 6♥ zu springen, Blackwood gereizt, wäre dieses Unglück zu vermeiden gewesen. Die Reizung wäre dann so verlaufen:

Nord	Ost	Süd	West
1♥	Passe	4♥	Passe
4SA	Passe	5♣	Passe
5♥	Passe	Passe	Passe

Nach der 4♥-Antwort seines Partners fragt Nord durch **das künstliche 4SA-Gebot** den Partner, wie viele Asse dieser hat. Süd antwortet 5♣, und das bedeutet: "Kein As". Nun weiß Nord, daß zwei Asse beim Gegner stehen. Er wird also zwei Stiche verlieren und kann keinen Schlemm gewinnen. Nord muß sich mit Vollspiel zufrieden geben und bricht bei 5♥ ab.

Die 4SA-Reizung ist nicht der Versuch, in einen Schlemm zu gelangen, sondern die Möglichkeit, sich abzusichern gegen das Reizen eines zu riskanten Schlemms wegen eines oder mehrerer beim Gegner stehender Asse. **Nach Feststellung eines Farb-Fits** - und nur dann - fragt 4SA den Partner nach der Anzahl seiner Asse, wobei es gleichgültig ist, welcher der Partner diese Frage stellt. Ebenso wie das 2♣-Gebot bei Stayman nicht etwa Interesse an der Farbe Treff bedeutet, schlägt 4SA keinesfalls dem Partner vor, Sans Atout zu spielen.

Die Antwort auf Blackwood erfolgt nach folgendem Schema:

5♣	kein As (oder alle vier Asse)
5♦	ein As
5♥	zwei Asse
5♠	drei Asse

Kehren wir zurück zu Nords Hand. Hätte Süds Antwort beispielsweise 5♦ statt 5♣ gelautet, wäre Nord auf Klein-Schlemm gesprungen. Süd hat den Besitz eines Asses gezeigt. Nur **ein** As steht beim Gegner. 6♥ ist der richtige Kontrakt.

Hätte Süd 5♥ geantwortet und dadurch den Besitz von zwei Assen gemeldet, wäre die Möglichkeit eines Groß-Schlemms gegeben, falls Nord in Erfahrung bringen kann, ob die zwei ihm fehlenden Könige beim Partner stehen. Auch das ist mit Blackwood möglich.

Nach Klärung der As-Frage prüft ein anschließendes 5SA-Gebot, wie viele Könige der Partner hält. Die Beantwortung erfolgt nach demselben Schema wie bei der As-Frage:

6♣	kein König (oder alle vier Könige)
6♦	ein König
6♥	zwei Könige
6♠	drei Könige

Wichtig ist, daß wir festhalten:

- Blackwood setzt **Farb**reizung voraus. Hat einer der Partner 1SA oder 2SA eröffnet, so kann keinesfalls mit 4SA nach Assen gefragt werden.

- Blackwood kann nur gereizt werden, nachdem Farb**übereinstimmung** erzielt worden ist, d.h. nachdem sich die Partner auf eine Trumpffarbe geeinigt haben.

Es darf nicht übersehen werden, daß durch diese Konvention zwar die **Anzahl** der Asse (und evtl. der Könige) des Partners festgestellt werden kann, nicht aber, **welche** Asse bzw. Könige der Partner hält. Für die gleichzeitige Ermittlung von Anzahl und Farbe der Asse gibt es andere Möglichkeiten, die hier zu erörtern den Rahmen dieses Buches sprengen würde. Ebensowenig wäre es sinnvoll, in dem vorliegenden Buch auch auf Erweiterungen und Abwandlungen der dargestellten Blackwood-Konvention einzugehen.
Lassen Sie uns noch ein anderes Beispiel für Blackwood betrachten. Nord eröffnet 1♠, Ost paßt, und Sie halten als Süd folgende Hand:

♠ KB1043
♥ A
♦ KD85
♣ KD6

Mit dem hervorragenden Pik-Fit, mit Ihren 18 FP und dem Singleton As in Coeur sind Sie außerordentlich stark. Zusammen mit Ihrem Partner könnten Sie im Schlemmbereich liegen, falls Ihr Partner nicht mit Minimum eröffnet hat und wenn er vor allem mehr als **nur ein** As hält. Reizen Sie 4SA (Blackwood). Die Antwort Ihres Partners hilft Ihnen bei der Entscheidung, ob Sie nur Vollspiel riskieren können oder ob Klein- oder sogar Groß-Schlemm möglich ist. Ihr Rückgebot wird dann entweder 5♠ oder 6♠ oder 7♠ lauten.

Zusammenfassung:

1. Blackwood ist ein künstliches 4SA-Gebot, das den Partner nach der Anzahl von Assen in seiner Hand fragt.

2. Blackwood wird nicht gereizt, um einen Schlemm zu erreichen, sondern um sicherzustellen, daß die Erfüllung eines Schlemm-Kontrakts nicht durch ein oder mehr fehlende Asse gefährdet ist.

3. Blackwood kann nur nach vorausgegangener Farbreizung und Trumpf-Übereinstimmung gereizt werden.

4. Blackwood forciert den Partner zu einer Antwort.

5. Voraussetzungen für das Blackwood-Gebot 4SA:

   - Die Trumpffarbe steht fest. Ein Farbfit wurde gefunden.
   - Die gemeinsame Punktstärke reicht mit Sicherheit für Vollspiel aus und läßt einen Schlemm wahrscheinlich werden.

6. Antworten auf 4SA (Blackwood):

   5♣ kein As (oder alle vier Asse)
   5♦ ein As
   5♥ zwei Asse
   5♠ drei Asse

7. Nach Beantwortung der As-Frage kann durch das künstliche Gebot 5SA der Partner nach der Anzahl von Königen in seiner Hand gefragt werden.

8. Antworten auf 5SA (Blackwood):

6♣	kein König (oder alle vier Könige)
6♦	ein König
6♥	zwei Könige
6♠	drei Könige

Quiz 14

1. Ihr Partner eröffnet 1SA. Was antworten Sie, nachdem Ihr Gegner zur Rechten gepaßt hat?

a)	b)	c)
♠ K1087	♠ 8	♠ KD107
♥ AK7	♥ D72	♥ AB84
♦ B854	♦ 10963	♦ 75
♣ 96	♣ DB964	♣ K96

2. Nach Ihrer 1SA-Eröffnung antwortet Ihr Partner 2♣. Wie lautet Ihr Rückgebot?

a)	b)	c)
♠ 10874	♠ A105	♠ KB72
♥ A9	♥ KD9	♥ 9764
♦ DB74	♦ KB6	♦ D106
♣ ADB	♣ B873	♣ AK

3. Ihr Partner hat 2♠ eröffnet. Sie haben auf 3♠ gehoben. Das Rückgebot Ihres Partners lautet 4SA. Was reizen Sie jetzt?

a)	b)	c)
♠ A74	♠ B82	♠ D96
♥ AB8	♥ K1075	♥ 1094
♦ 1084	♦ DB9	♦ A874
♣ 9643	♣ K63	♣ D76

C. DIE SPIELDURCHFÜHRUNG

1. Das Alleinspiel

Ausführlich haben wir uns mit Eröffnungen, Antworten, Rückgeboten, Gegenreizungen, Konventionen und manchem anderen beschäftigt. Sie haben gelernt, wie Sie in der Reizung mit Ihrem Partner kommunizieren und den richtigen Kontrakt ermitteln können. Sie haben auch erfahren, mit welchen Mitteln Sie sich in die Reizung der Gegner einmischen können. Eine ganze Menge schon, und dennoch: den richtigen Kontrakt zu erreizen oder zum rechten Zeitpunkt zu passen, wenn die Gegner stärker sind, das ist nicht alles. Nicht die Reizung, sondern das Spiel entscheidet letztlich über Erfüllung und Nichterfüllung eines Kontrakts. Sie sollten deshalb jede Möglichkeit zum Spielen nutzen. Durch Spielpraxis, durch erste Erfolge, auch durch eigene Fehler und anschließende Diskussionen mit Ihrem Partner werden Sie sich schneller zu einem guten Bridgespieler entwickeln als durch allzu viel Theorie.
Wollen Sie im Bridge gewinnen, wollen Sie Ihren gereizten Kontrakt erfüllen oder die Gegner zu Fall bringen, müssen Sie auch lernen, wie Sie im Spiel das Beste aus Ihren Karten und dem Blatt Ihres Partners herausholen, wie Sie eine Farbe entwickeln und zusätzliche Stiche gewinnen können. Deshalb wollen wir auf den nächsten Seiten noch einige Hinweise für eine erfolgreiche Spieldurchführung folgen lassen. Das können und sollen hier nur sehr knappe und elementare Anleitungen sein. Suchen Sie ausführliches Material zur Spieldurchführung, werden Sie dazu im Buchhandel leicht geeignete Bridge-Literatur finden können.
Wenden wir uns zunächst dem Alleinspiel zu. Wenn die Auktion beendet ist, wenn Sie als Alleinspieler feststehen, der Endkontrakt gereizt ist und Ihr linker Gegner ausgespielt hat, sehen Sie zum ersten Mal den Dummy, die 13 Karten Ihres Partners, für die nun Sie ebenso verantwortlich sind wie für Ihre eigene Hand. Die erste Karte liegt auf dem Tisch. Machen Sie jetzt keinesfalls einen der häufigsten Fehler von Bridge-Anfängern, indem Sie sofort eine Karte des Dummy dazulegen und ohne viel nachzudenken mit dem Spiel beginnen. Bridge ist kein Glücksspiel. Lassen Sie sich Zeit. Sehen Sie sich den Dummy und die

eigene Hand genau an. Entwerfen Sie einen Spielplan und beginnen Sie erst dann Ihr Spiel.

1.1 Das Spiel in Sans Atout

Ihr linker Gegner hat gegen Ihren Sans Atout zum ersten Stich ausgespielt. Der Dummy liegt auf dem Tisch. Lassen Sie sich jetzt Zeit, bevor Sie durch Ihren Partner die erste Karte des Dummy spielen lassen. Vergegenwärtigen Sie sich, wie viele Stiche Sie benötigen, um Ihren Kontrakt zu erfüllen. Zählen Sie Ihre Gewinner in der Hand und auf dem Tisch und vergleichen Sie dann, wie viele Gewinnstiche Ihnen evtl. noch fehlen. Prüfen Sie, ob Sie genügend sichere Gewinner haben und den Kontrakt auch ohne zusätzliche Stiche gewinnen können oder ob es für Erfüllung des Kontrakts nötig ist, zusätzliche Gewinner zu entwickeln. Vielleicht erkennen Sie auch Möglichkeiten für Überstiche. Erst wenn Sie alle diese Überlegungen angestellt und auch einen groben Spielplan entworfen haben, in welcher Reihenfolge Sie vorgehen wollen, sollten Sie Ihre erste Karte spielen.
Nehmen wir an, Ihre Partei hat einen 3SA-Kontrakt geboten. Sie haben mit 1SA eröffnet, Ihr Partner hat auf Vollspiel gehoben, die Gegner haben immer gepaßt. Lassen Sie uns dieses Spiel gemeinsam untersuchen. Dabei empfehlen wir Ihnen, die hier gezeigten Hände auf dem Tisch auszulegen und mit uns die einzelnen Spielzüge zu planen und durchzuführen.
Sie sind Süd. West greift mit einem kleinen Pik an. Ihr Partner legt diesen Dummy auf den Tisch:

Nord ♠ K84
♥ AD2
♦ 754
♣ KB87

Das ist Ihre Hand:

Süd ♠ A9
♥ KB10
♦ K963
♣ D1065

Ihr Kontrakt lautet 3SA. Sie müssen mindestens neun Stiche gewinnen. Woher kommen die Gewinnstiche? In Pik sehen Sie zwei Gewinner (A und K). In Coeur besitzen Sie die vier höchsten Karten (A,K,D,B), können aber trotzdem nur drei Coeur-Stiche gewinnen, denn nachdem Sie dreimal Coeur gespielt haben, bleibt weder in der Hand noch im Dummy ein Coeur übrig. Karo und Treff ermöglichen keinen direkten Gewinner. Insgesamt zählen Sie also nur fünf unmittelbare Gewinnstiche. Vier zusätzliche Gewinner brauchen Sie, um den Kontrakt zu erfüllen.
In Treff haben Sie zwar gute Karten ohne Lücke (K,D,B,10), aber es fehlt Ihnen das As. Sie müssen diese Farbe und Ihre Gewinnstiche erst entwickeln. Sie müssen Ihre Figuren **"hochspielen"**, indem Sie das As der Gegner heraustreiben. In Treff werden Sie schließlich drei Stiche gewinnen. Aber auch dann sind Sie noch nicht am Ziel. Um Ihren Kontrakt zu erfüllen, müssen Sie einen weiteren Stich gewinnen. Sehen Sie eine Möglichkeit?
Vielleicht können Sie einen Karostich mit dem König machen, falls das As nicht ungünstig steht. Aus der Hand ein kleines Karo zu spielen, brächte aber nichts ein. Die Gegner würden den Stich mit einer niedrigen Karte gewinnen, und Ihr König wäre noch immer nicht hoch. Auch ♦ K auszuspielen, wäre nicht gut, denn das As beim Gegner würde den König schlagen. Wenn Sie aber ein kleines Karo **vom Dummy** spielen, muß Ost bedienen, **bevor** Sie sich zu entscheiden haben, ob Sie Ihren König legen oder nicht. Steht ♦ A bei Ost, kann Ost nicht verhindern, daß Sie mit ♦ K Ihren neunten Stich gewinnen, gleichgültig, ob Ost sein As in der ersten Karorunde einsetzt oder zu einem späteren Zeitpunkt.
Natürlich werden Sie fragen: was geschieht, wenn **West** ♦ A hält? West kann spielen, **nachdem** Sie Ihre Karte aus der Hand gelegt haben, und er wird - vorausgesetzt, sein As steht nicht allein, und er kann mit seinem As genauso lange warten, wie Sie mit Ihrem König - das As selbstverständlich erst dann einsetzen, wenn Ihr König auf dem Tisch liegt. Das wird Ihnen zwar nicht angenehm sein, aber eine 50%ige Chance ist besser als gar keine! Um zu gewinnen, müssen Sie so spielen, als stünde das As bei Ost.
Nachdem Sie diese Überlegungen angestellt und einen Spielplan gemacht haben, beginnen Sie mit dem Spiel. Sie gewinnen den ersten Stich mit ♠ A in der Hand. Welche Farbe spielen Sie nun zum zweiten

Stich an? Machen Sie jetzt nicht den häufigen Fehler von Anfängern und spielen sofort Ihre Gewinner ab (Pik und Coeur), um sich erst dann der Farbe zuzuwenden, die entwickelt werden muß (Treff). Würden Sie so verfahren, kämen nach Abspiel Ihrer fünf Gewinnstiche die Gegner beim sechsten Stich mit ♣ A ans Spiel und könnten anschließend ihre inzwischen hoch gewordenen Pik und Coeur herunterspielen. Sie hätten das Spiel verloren, bevor Sie auch nur einen einzigen Treff-Stich gewonnen haben.
Sie haben aber einen Spielplan gemacht und wissen, wie Sie jetzt weiterspielen müssen. Der richtige Weg ist, sofort Ihre Figuren in Treff hochzuspielen und zum zweiten Stich ♣ 10 fortzusetzen. Legen die Gegner bereits jetzt ihr ♣ A, sind Ihre restlichen Treff hoch. Bleibt die ♣ 10 bei Stich, d.h. setzen die Gegner ihr ♣ A noch nicht ein, spielen Sie solange Treff weiter, bis einer der Gegner sein ♣ A legt. Sie werden in Treff schließlich drei der vier Stiche gewinnen. Wichtig ist also, daß Sie die Treff sofort klären und nicht zuerst Ihre Gewinner in Pik und Coeur abspielen.

Sehen Sie sich eine andere Teilung an:

Nord ♠ AD3
♥ A74
♦ K85
♣ D1054

Süd ♠ 9642
♥ 108
♦ AD9
♣ AKB2

Wieder sind Sie als Süd Alleinspieler in einem 3SA-Kontrakt. West greift mit ♦ 4 an. Ihr Dummy ist diesmal sehr stark, und Sie stellen zu Ihrer freudigen Überraschung fest: neun Stiche sind kein Problem: je ein As-Stich in Pik und Coeur, drei Stiche in Karo und vier Stiche in Treff. Aber können Sie nicht vielleicht noch einen Überstich gewinnen? Sehen Sie sich Pik an. Das As macht natürlich einen Stich. Wenn Sie Pik vom Dummy spielen, haben Sie keine Chance, einen zusätzlichen Stich zu gewinnen. Spielen Sie jedoch aus der Hand und ♠ K steht bei

West, können Sie auch mit ♠ D einen Stich machen. Spielen Sie also klein Pik aus der Hand. Legt West jetzt seinen ♠ K, nehmen Sie im Dummy Ihr ♠ A und spielen die hoch gewordene ♠ D zum nächsten Gewinnstich aus. Bleibt West zunächst klein, müssen Sie **"schneiden"**: Sie müssen Ihre ♠ D legen - Ihre einzige Chance für den zusätzlichen Stich. Steht ♠ K bei West, haben Sie durch diesen **"Schnitt"** Ihren zusätzlichen Stich gewonnen. Hat Ost den König, können Sie ohnehin nur neun Stiche gewinnen. Aber damit haben Sie den 3SA-Kontrakt ja erfüllt.

Um einen Schnitt (auch **"Impaß"** oder **"Finesse"** genannt) zu machen, ist es wichtig, von der richtigen Seite zu beginnen. Man spielt von den kleinen Karten hin zu den hohen Karten und nimmt den Gegner "in die Mitte". Man beginnt also auf der Seite mit den niedrigeren Karten (in unserem Beispiel aus der Hand des Alleinspielers) und spielt hin zur Hand mit den höherwertigen Karten (in unserem Beispiel zur Hand des Dummy), um eine oder manchmal auch zwei oder mehr Karten des dazwischen sitzenden Gegners auszuschalten.

Auch hier ist das "timing" wichtig: Sie sollten nach dem ersten Karo-Stich, den Sie in der Hand gewinnen, **sofort** den Pik-Schnitt versuchen. Geht er schief, müssen die Gegner Sie beim nächsten Stich wieder anspielen, denn Sie besitzen ja zu diesem Zeitpunkt in allen Farben die hohen Karten. Würden Sie den Fehler begehen und Ihre acht Gewinner in Karo, Treff und Coeur abspielen, bevor Sie den Pik-Schnitt versuchen, könnte das für Sie sehr teuer werden. Steht ♠ K bei Ost, gelingt also der Schnitt in Pik nicht, würde Ost nach Gewinn dieses Stiches möglicherweise mit kleinen Karten in den von Ihnen bereits abgespielten Farben Coeur, Karo und Treff vier weitere Stiche gewinnen, ohne daß Ihr ♠ A zum Einsatz kommt und für Sie den benötigten neunten Stich gewinnt.

1.2 Das Farbspiel

In mancherlei Hinsicht ist das Spielen eines Farbkontrakts ähnlich wie das Spielen eines Sans Atout. Auch bei einem Farbspiel muß der Alleinspieler nach Angriff des linken Gegners und Offenlegung des Dummy zunächst einen Spielplan entwickeln. Er muß sich zuerst vergegenwärtigen, wie viele Stiche er für die Erfüllung des Kontrakts benötigt und wie viele Stiche er auf direktem Weg gewinnen wird. Dabei kann es durchaus vorkommen, daß ihm alle benötigten Gewinner zur Verfügung stehen und er diese nur noch einen nach dem anderen abzuziehen hat. Und doch muß er sich - wie wir auch in unserem letzten Beispiel gesehen haben - genau überlegen, in welcher Reihenfolge er seine Karten spielt und von welcher Seite er eine bestimmte Farbe angeht. Wie bei SA-Kontrakten müssen auch bei Trumpf-Kontrakten Schnitte versucht und Stiche entwickelt werden, bevor sie zu Gewinnern werden.

All das ist bei SA-Spielen und Farbspielen gleich. Und doch gibt es wichtige Unterschiede. Sie haben vielleicht alle zur Erfüllung Ihres Kontrakts benötigten Gewinnstiche griffbereit in Ihrer oder der Dummy-Hand - und dennoch kann einer Ihrer sicheren Stiche verloren gehen, wenn einer der Gegner Ihren Gewinner trumpfen kann, weil Sie versäumt haben, rechtzeitig, nämlich vor Abspielen Ihrer Gewinner, die Trümpfe der Gegner zu kassieren. Sehen Sie sich hierzu eine Teilung an:

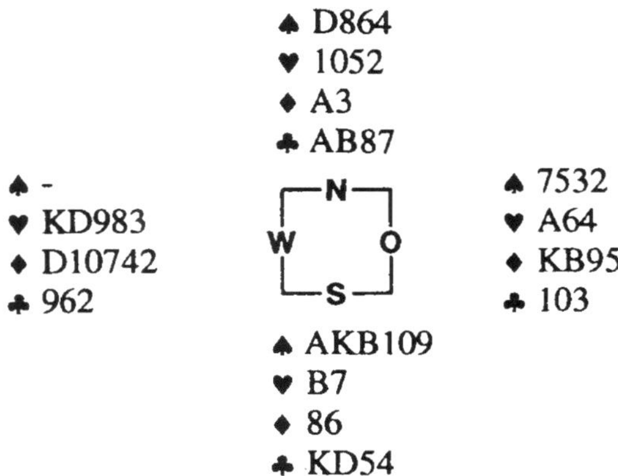

Sie sind Süd und Alleinspieler in einem 4♠-Kontrakt. Zehn Gewinnstiche sind nötig, um den Kontrakt zu erfüllen. Fünf Stiche in Pik sind Ihnen sicher, dazu ein Stich in Karo und vier Treff-Stiche. "Kein Problem" werden Sie denken. Es sieht so aus, als müßten Sie die Gewinnstiche nur noch abziehen.

West hat ♥ K ausgespielt. Die ersten zwei Coeur-Stiche gehen an die Gegner. Das ist nicht zu verhindern. Den dritten Stich mit Coeur-Anspiel trumpfen Sie klein in der Hand. Was spielen Sie jetzt? Würden Sie Treff spielen, ohne vorher die Trümpfe abzuziehen, könnte Ost in der dritten Treffrunde mit einem kleinen Trumpf stechen. Sie hatten vier Gewinnstiche in Treff einkalkuliert und hätten nun den Gegnern einen unnötigen Stich überlassen. Zusätzlich zu den bereits verlorenen zwei Coeur-Stichen und dem geschenkten Stich in Treff würden Sie noch einen Stich in Karo abgeben müssen und damit Ihren Kontrakt nicht erfüllen.

Wenn Sie keinen Stich entwickeln müssen, sondern die für Erfüllung des gereizten Kontrakts nötigen Stiche in den gemeinsamen Händen halten, sollten Sie sofort alle Trumpfkarten der Gegner abziehen. Sie müssen so lange Trumpf spielen, bis die Gegner keine Trumpfkarten mehr haben. Zählen Sie dabei nicht alle Trümpfe "bis 13", sondern verfahren Sie umgekehrt: zählen Sie die noch **fehlenden** Trumpfkarten. Besitzen Sie beispielsweise mit dem Dummy zusammen acht Karten in der Trumpffarbe, stehen bei den Gegnern noch fünf Trümpfe. Zählen Sie **nur** die noch beim Gegner stehenden Trümpfe. Haben also beim ersten Mal alle Trumpf bedient, stehen beim Gegner noch 3 Trümpfe. Erst wenn Sie alle Trümpfe abkassiert haben, können Sie unbesorgt weiterspielen und Ihre Gewinner abziehen, ohne Gefahr laufen zu müssen, daß Ihnen ein sicherer Stich durch einen Gegner weggetrumpft wird.

Nachdem also in unserem Beispiel die Gegner die ersten beiden Coeur-Stiche gewonnen und Sie den dritten Coeur-Stich klein in der Hand getrumpft haben, spielen Sie sofort anschließend so lange Trumpf, bis die Gegner keine Karte in der Trumpffarbe mehr besitzen. Viermal müssen Sie Pik spielen, denn die gegnerischen Trümpfe sind ungünstig verteilt (4:0). Erst danach können Sie sich unbesorgt Ihren Gewinnern in Treff und Karo zuwenden.

Ein wesentlicher Vorteil von Farbspielen ist, daß man nicht nur wie in SA-Kontrakten mit hohen Karten Stiche gewinnen kann, sondern auch durch Trumpfen von Verlierern, wenn eine **"Nebenfarbe"** (eine Farbe, die nicht Trumpffarbe ist) in einer der beiden Hände kürzer ist als in der anderen. In der Regel sticht man Verlierer der Hand mit kleinen Trümpfen des Dummy. Benötigen Sie zur Erfüllung Ihres Kontrakts zusätzliche Gewinnstiche und können Sie das durch Trumpfen von Verlierern erreichen, muß oft das Ziehen der gegnerischen Trümpfe verschoben werden. Sehen Sie sich dazu diese Hände an:

Nord ♠ 8
♥ D963
♦ D875
♣ AB104

Süd ♠ A92
♥ AKB102
♦ B4
♣ D85

Sie spielen 4♥ von Süd. West greift mit ♣3 an. Sie benötigen zehn Stiche. Fünf Trumpfstiche, ein Pik-Stich und ein Treff-Stich sind sicher. Mindestens ein weiterer Stich kann in Treff entwickelt werden. Zwei zusätzliche Stiche können durch Trumpfen Ihrer zwei Pik-Verlierer gewonnen werden.
Gewinnen Sie den ersten Stich mit ♣ A (der Versuch zu schneiden, also am Tisch klein zu bleiben, könnte gefährlich werden, wenn West blank angespielt hat und ♣ K bei Ost steht). Spielen Sie zum zweiten Stich ♠ A und anschließend ♠ 2 aus der Hand. Stechen Sie klein am Tisch. Spielen Sie Trumpf klein zur 10 in der Hand und dann ♠ 9, um nochmals im Dummy zu stechen und zwar mit ♥ D. Kehren Sie sodann mit Ihrem letzten Trumpf im Dummy, der ♥ 9, zur Hand, zum ♥ B, zurück. Ziehen Sie jetzt die noch beim Gegner stehenden Trümpfe. Spielen Sie anschließend Ihre ♣ D, um ♣ K herauszutreiben und Ihren 10. Stich (♣ B) zu entwickeln. Den Verlust von zwei Karo-Stichen können Sie nicht vermeiden, aber das Trumpfen Ihrer zwei Pik-Verlierer in der Hand mit kleinen Trumpfkarten des Tisches hat die Erfüllung Ihres Kontrakts möglich gemacht. Beachten Sie dabei, daß **zusätzliche** Stiche durch Trumpfen von Verlierern fast immer nur dann gemacht werden, wenn der Dummy mit seinen kleinen Trumpfkarten Verlierer der Hand sticht.

Zusammenfassung:

1. Bevor der Alleinspieler die erste Karte legt, macht er einen Spiel plan.

2. Er überlegt sich zuerst, wie viele Stiche er zur Erfüllung seines Kontrakts gewinnen muß, wie viele sichere Gewinnstiche er in seiner und der Dummy-Hand besitzt und wie viele zusätzliche Stiche er benötigt.

3. In einem SA-Kontrakt können zusätzliche Stiche durch
   - Hochspielen eigener Figuren und
   - Schneiden gegnerischer Karten

   gewonnen werden.

4. In einem Farbkontrakt können zusätzliche Stiche durch
   - Hochspielen eigener Figuren
   - Schneiden gegnerischer Karten und
   - Trumpfen von Verlierern

   gewonnen werden.

2. Das Gegenspiel

Im Gegensatz zum Alleinspiel ist die Verteidigung die schwierigere Aufgabe. Während der Alleinspieler alle 26 Karten seiner Partei einsehen kann und allein über den Einsatz seiner beiden Hände entscheidet, muß der Gegner seine Überlegungen ohne Einsicht in die Hand des Partners anstellen, und oft genug hat er Probleme, mit seinem Partner zu kommunizieren. Eine Verständigung der Gegner untereinander kann erst im Laufe des Spieles erfolgen. Nicht durch Worte oder geheime Zeichen, sondern durch Bedienen, Abwerfen oder Ausspielen bestimmter Karten. Gewissermaßen als Kompensation für seine größeren strategischen Schwierigkeiten hat der Gegner das Recht, den Angriff zu starten. Er darf zum ersten Stich ausspielen. Nicht immer allerdings ist dieser erste Angriff leicht, denn das Ausspiel erfolgt, bevor die Karten des Dummy auf dem Tisch liegen. Schon das Ausspiel kann aber über Erfüllung oder Nicht-Erfüllung eines Kontrakts entscheiden, und bereits durch sein Ausspiel kann der Gegner dem Partner eine wichtige Information übermitteln. Deshalb wollen wir auch zunächst untersuchen, welche Überlegungen beim ersten Ausspiel angestellt werden sollen.

2.1 Das Ausspiel gegen einen SA-Kontrakt

Vor Ausspiel gegen einen SA-Kontrakt muß sich der Angreifer überlegen, welche Farbe die beste Chance bietet, den gegnerischen Kontrakt zu Fall zu bringen, und auch, welche Karte dieser Farbe er ausspielen soll.
In den meisten Fällen ist es richtig, mit der längsten eigenen Farbe zu beginnen - natürlich nur, wenn diese Farbe von der anderen Seite nicht gereizt worden ist. Am meisten Erfolg verspricht diese Farbe dann, wenn der Angreifer in dieser Farbe eine oder mehrere hohe Figuren besitzt. Als Gegner hofft man, in dieser langen Farbe kleine Karten hochspielen zu können und dadurch Gewinner zu entwickeln. Bei zwei gleich langen Farben empfiehlt es sich, die stärkere Farbe anzuspielen.

Gewöhnlich spielt man die vierte Karte von oben in dieser längsten Farbe, also z.B. die 6 von AK962 oder die 4 von KB94. Zweck dieses Ausspiels ist, dem Partner bei der Beurteilung der Länge dieser Farbe zu helfen und ihn zu veranlassen, diese Farbe zurückzuspielen, sobald er am Ausspiel ist.
Besteht die längste Farbe aus einer reinen Sequenz (z.B. KDB6 oder DB1052), einer gebrochenen Sequenz (z.B. DB953 oder KD107) oder einer Mittelsequenz (z.B. A10985 oder KB1097), so sollte immer die höchste Karte dieser Sequenz angespielt werden, (K von KDB6, D von DB953, 10 von A10985).
Hat der Partner in der Auktion eine Farbe genannt, ist es normalerweise besser, gegen einen SA-Kontrakt die Partnerfarbe anzuspielen statt eine eigene lange Farbe entwickeln zu wollen; es sei denn, die eigene Farbe ist besonders lang und stark. Wenn Ihr Partner die Auktion eröffnet oder gegenreizt, wird er in seiner Farbe einigermaßen lang sein und wahrscheinlich mehr höhere Karten besitzen als Sie. Wenn Sie die vom Partner gereizte Farbe gegen einen SA-Kontrakt anspielen, ist es meist richtig, von einer reinen, gebrochenen oder Mittelsequenz die höchste, von einem Doubleton die höhere, in allen anderen Fällen jedoch die niedrigste Karte auszuspielen.

2.2 Das Ausspiel gegen einen Farbkontrakt

Es ist wenig sinnvoll, eine lange eigene Farbe entwickeln zu wollen, wenn der Gegner einen Farbkontrakt spielt. Ihr Gegner wird in Ihrer

langen Farbe kurz sein und sehr bald stechen können. Gegen einen Farbkontrakt sollte man ein Ausspiel suchen, das dem Alleinspieler keinen unnötigen Stich beschert.
Stellen Sie sich vor, Sie halten als Angreifer in einer Farbe, die von den Gegnern nicht gereizt worden ist, diese Karten:

AK1032

Gegen einen SA-Kontrakt würden Sie die 3 anspielen, die vierte Karte Ihrer längsten Farbe. Sie geben dabei freiwillig einen Stich ab, um nach Rückspiel durch Ihren Partner, wenn dieser einen Stich gewonnen hat und ausspielen kann, möglicherweise drei oder vier Stiche in dieser Farbe zu gewinnen.
Gegen einen Farbkontrakt würden Sie durch dieses Ausspiel mit ziemlicher Sicherheit einen oder mehrere Stiche verschenken, weil der Alleinspieler wahrscheinlich einen unnötigen Stich gewinnen wird und später beide oder eine Ihrer beiden Figuren in dieser Farbe trumpfen kann, wenn er vielleicht nur ein Singleton oder ein Doubleton in dieser Farbe hatte. Es ist deshalb erforderlich, in dieser Farbe mit dem As anzugreifen, danach in Ruhe den Dummy zu studieren und dann weiterzuspielen.
Hat in der Auktion Ihr Partner eine Farbe genannt, so sollten Sie gegen einen Farbkontrakt diese Farbe anspielen. Steht diese Farbe bei Ihnen zu zweit oder dritt, empfiehlt es sich, die höchste Karte dieser Farbe anzuspielen. Haben Sie drei oder mehr Karten einschließlich König oder Dame oder Bube in der Farbe Ihres Partners, sollten Sie mit der niedrigsten Karte angreifen. Enthält diese Farbe ein As, müssen Sie in jedem Fall das As zuerst spielen. Spielen Sie als Gegner in einem Farbkontrakt niemals unter Ihrem As an.
Hat Ihr Partner nicht gereizt oder können Sie die von ihm genannte Farbe nicht anspielen, ist es oft vorteilhaft, ein eigenes Singleton oder die höhere Karte eines Doubleton auszuspielen - natürlich nur, wenn es sich dabei um eine Nebenfarbe handelt und das Doubleton nicht aus K oder D mit kleiner Karte besteht. Ein solcher Angriff ist oft der erste Schritt auf dem Weg zu einem Trumpfstich, denn der Partner wird diese Farbe zurückspielen, falls er den ersten Stich gewinnt oder sobald er am Stich ist.

Zusammenfassung:

1. Gegen einen SA-Kontrakt sollte möglichst in der vom Partner genannten Farbe angegriffen werden:

von einem Doubleton	höhere Karte zuerst
von einer Sequenz	höchste Karte zuerst
in allen andere Fällen	niedrigste Karte zuerst

2. Hat der Partner keine Farbe genannt, sollte gegen einen SA-Kontrakt mit der längsten eigenen Farbe angegriffen werden:

von einer Sequenz	höchste Karte zuerst
in allen anderen Fällen	vierte Karte von oben

3. Auch gegen einen Farb-Kontrakt sollte möglichst in der vom Partner genannten Farbe angegriffen werden:

mit zwei/drei Karten	höchste Karte zuerst
mit Figur zu dritt	niedrigste Karte zuerst
von einem Doubleton	höhere Karte zuerst

4. Hat der Partner keine Farbe genannt, sollte gegen einen Farb-Kontrakt in einer von den Gegnern nicht gereizten Farbe angegriffen werden:

von einer Sequenz	höchste Karte zuerst
mit Singleton	Singleton
von einem Doubleton	höhere Karte zuerst

D. QUIZ-ANTWORTEN

Quiz 1

1. a) ♣ D und ♥ B spielen zusammen gegen die beiden anderen
   b) ♠ A und ♦ K spielen zusammen gegen die beiden anderen
   c) ♠ K und ♥ K spielen zusammen gegen die beiden anderen
   d) ♦ D und ♥ 9 spielen zusammen gegen die beiden anderen

2. Teiler ist der Spieler, der folgende Karte gezogen hat:

   a) ♣ D   b) ♠ A   c) ♠ K   d) ♦ D

3. Pik ist die ranghöchste, Treff die rangniedrigste Farbe

4. Als Oberfarben werden Pik und Coeur bezeichnet, als Unterfarben Karo und Treff

5. a) Pik
   b) Karo
   c) Es gibt keine ranghöhere Farbe als Pik. Pik ist die höchste Farbe
   d) Coeur

6. a) Ost   b) Nord   c) Nord

7. a) Nord   b) Ost   c) Süd

Quiz 2

1. Der Teiler

2. Wenn drei Spieler unmittelbar nacheinander gepaßt haben

3. 1♠

4. 2♥

5. 1♣. Um diesen Kontrakt zu erfüllen, muß man mindestens sieben Stiche gewinnen.

6. 7SA. Um diesen Kontrakt zu erfüllen, muß man alle 13 Stiche gewinnen.

7. a) Acht Stiche b) Zwölf Stiche c) Neun Stiche d) Zehn Stiche

8. a) Fünf Stiche b) Sieben Stiche c) Vier Stiche d) Drei Stiche

Quiz 3

1. Durch Figuren- und Längenpunkte bzw. bei Unterstützung der vom Partner gereizten Farbe (als voraussichtlicher Dummy) durch Figuren- und Dummypunkte

2. Der Spieler, der die Denomination des Endkontrakts als erster genannt hat

3. Der Partner des Alleinspielers

4. Der links vom Alleinspieler sitzende Gegner

5. Durch Wertungspunkte, die sich aus Stichwertpunkten und Prämien ergeben

6. a) 50 Punkte
   b) Nicht in Gefahr 300 Punkte
   In Gefahr 500 Punkte
   c) Nicht in Gefahr 500 Punkte
   In Gefahr 750 Punkte
   d) Nicht in Gefahr 1000 Punkte
   In Gefahr 1500 Punkte

7. Für jeden Faller
   Nicht in Gefahr 50 Punkte
   In Gefahr 100 Punkte

8. a) 420 Punkte (in Gefahr 620 Punkte)
   b) 110 Punkte

c) 400 Punkte (in Gefahr 600 Punkte)
d) 70 Punkte

9. a) 450 Punkte (in Gefahr 650 Punkte)
b) 170 Punkte
c) 430 Punkte (in Gefahr 630 Punkte)
d) 110 Punkte

10. a) Zehn Stiche b) Neun Stiche c) Elf Stiche
d) Zehn Stiche

11. a) Zwölf Stiche b) Alle 13 Stiche

Quiz 4

1. 12 Figurenpunkte (FP)

2. Ausgeglichene Verteilung und 12-14 FP

3. Die rangniedrigere Farbe

4. Die ranghöhere Farbe

5. Mit Treff- oder Pik-Singleton die mittlere der drei 4er Farben, mit Karo- oder Coeur-Singleton die Farbe unterhalb des Singleton

6. a) 1SA b) 1♦ c) 1♥ d) 1♦
e) 1♣ f) 1SA g) 1♠ h) 1♥
i) 1♦

7. a) 25 Punkte b) 28 Punkte c) 25 Punkte

8. Wenn die Hand 4-3-3-3 oder 4-4-3-2 oder 5-3-3-2 verteilt ist

9. a) Mindestens 33 Punkte b) Mindestens 37 Punkte

Quiz 5

1. 2♠, 3SA und 4♠ sind Abschlußgebote. 2SA und 3♥ sind einladende Gebote.

2.a) Vollspielbereich. Mit Ihren 13 FP und 2 LP für Ihr 6er Coeur verfügen Sie zusammen mit Ihrem Partner über mindestens 27 Punkte (12+15).

b) Mit Ihren 11 FP können Sie nicht sicher sein. Hat Ihr Partner mit nur 12 FP eröffnet, müssen Sie einen Teilkontrakt spielen. Besitzt er aber 14 FP, sind Sie im Vollspielbereich. Sie müssen durch ein einladendes Gebot Ihrem Partner mitteilen, daß er entsprechend seiner Stärke selbst entscheiden soll.

c) Sie werden einen Teilkontrakt spielen müssen. Für ein Vollspiel sind Sie - auch wenn Ihr Partner mit 14 FP eröffnet haben sollte - mit Ihren 9 FP nicht stark genug.

d) Vollspielbereich. Auch wenn Ihr Partner nur mit 12 FP eröffnet haben sollte, reichen Ihre 14 FP für ein Vollspiel aus.

3.a) 4♥. Von Ihrem Partner können Sie mindestens zwei Karten in Coeur erwarten, so daß Sie gemeinsam mindestens acht Karten, also einen Fit, in dieser Farbe haben.

b) 2SA. Ein einladendes Gebot.

c) Passe. Sie haben ein ausgeglichenes Blatt und sind im richtigen Kontrakt.

d) 3SA. Eine 5-3-3-2-verteilte Hand gilt als ausgeglichen, vor allem, wenn die 5er Farbe eine Unterfarbe ist.

4.a) Passe. Ein ausgeglichenes, armseliges Blatt!

b) 4♠. Ihre Hand ist 15 Punkte stark (13 FP + 2 LP für Ihr 6er Pik). Da Ihr Partner mindestens zwei Karten in Pik hält, ist Vollspiel in Pik Ihre richtige Entscheidung.

c) 2SA. Mit Ihren 12 FP müssen Sie die Entscheidung zwischen Vollspiel oder Teilkontrakt Ihrem Partner überlassen. Hat er mit Minimum eröffnet, wird er passen. Mit 13 oder 14 FP wird er auf Vollspiel heben.

d) 3SA. 15 FP sind eine großartige Ergänzung für die Hand Ihres Partners.

Quiz 6

1. 6 Punkte

2. a) Nach einer Farb-Eröffnung ist jede Hebung in der angereizten Farbe und jede SA-Antwort ein einladendes Gebot.

   b) Jede Antwort in einer neuen Farbe ist ein forcierendes Gebot.

3. Weil die Suche nach einer geeigneten Denomination für die Partner beendet ist, sobald sie einen Fit (mindestens acht Karten in den beiden Händen) in einer Oberfarbe gefunden haben. Nun muß nur noch über den Bereich (Teilkontrakt,Vollspiel,Schlemm) entschieden werden, in dem die Partner den Oberfarben-Kontrakt spielen.

4. a) 2♥. Mit 4er Unterstützung in Coeur und 7 Punkten (6 FP + 1DP für das Doubleton) heben Sie Ihren Partner auf die Zweierstufe

   b) 3SA. Ohne die Partnerfarbe unterstützen zu können, aber mit einer ausgeglichenen Hand und 14 FP können Sie in SA auf Vollspiel springen.

   c) 1♠. Ohne ausreichende Unterstützung der Farbe Ihres Partners nennen Sie Ihre eigene Farbe. Da ein Farbwechsel forciert, wird Ihr Partner noch einmal reizen, und auch Sie kommen noch einmal zu Wort.

   d) 1SA. Sie können weder die Partnerfarbe unterstützen noch eine eigene Farbe auf der Einerstufe nennen. Für ein Gebot auf der

Zweierstufe sind Sie nicht stark genug. Durch 1SA informieren Sie Ihren Partner über 6-9 FP in Ihrem Blatt.

e) 2♦. Die Farbe Ihres Partners können Sie auch mit dieser Hand nicht unterstützen. Aber Sie sind stark genug, Ihre eigene Farbe auf der Zweierstufe zu nennen. Mit zwei 5er Farben reizen Sie die ranghöhere Farbe zuerst.

f) 4♥. Die gute Unterstützung der Partnerfarbe und die Gesamtstärke Ihrer Hand (13 FP + 3 DP für das Singleton) ermöglichen einen sofortigen Sprung in Vollspiel.

g) Passe. Mit nur 3 FP müssen Sie (trotz der vier Karten in der Partnerfarbe) passen.

h) 2♣. Die Partnerfarbe können Sie nicht unterstützen. Für Nennung Ihrer eigenen Farbe auf der Zweierstufe sind Sie stark genug. Bei zwei bietbaren Farben reizen Sie die längere zuerst.

Quiz 7

1. Nach einer Oberfarben-Eröffnung des Partners hat für den Antworter (sofern er die Partnerfarbe unterstützen kann) die Hebung der Partnerfarbe Vorrang vor allen anderen Geboten.

2. Nach einer Unterfarben-Eröffnung des Partners hat die Nennung einer neuen Farbe für den Antworter Vorrang vor Unterstützung der Partnerfarbe.

3. a) 1♠. Nach Unterfarben-Eröffnung des Partners hat die Nennung einer eigenen Oberfarbe Vorrang. Ihre Stärke und die ausgeglichene Verteilung können Sie Ihrem Partner durch Ihr Rückgebot bekanntgeben.

b) 1♥. Trotz Ihrer schwachen Hand nennen Sie Ihre 4er Oberfarbe. Daß Sie ein schwaches Blatt halten, kann Ihr Partner durch Ihr Rückgebot erfahren.

c) 1♠. Obwohl Treff länger ist, müssen Sie Ihre Oberfarbe nennen. Für ein Gebot auf der Zweierstufe wären Sie ohnehin zu schwach.

d) 1♠. Obwohl auch in diesem Blatt Treff länger ist als Pik und Sie hier für die Reizung von Treff auf der Zweierstufe stark genug wären, müssen Sie zunächst Ihre Oberfarbe nennen. Ihr Partner könnte ja mit einem 4er oder 5er Karo und einem 4er Pik eröffnet haben. Sie wissen, daß Sie mit Ihren 14 Punkten (13 FP + 1 LP) und den mindestens 12 FP Ihres Partners im Vollspielbereich sind. Sie müssen nicht befürchten, daß Ihr Partner nach Ihrer 1♠-Antwort paßt. Nach dem Farbwechsel ist er verpflichtet, mindestens noch einmal zu reizen.

e) 1SA. Ihr Treff ist zwar eine 6er Farbe, aber Sie sind nicht stark genug, diese Farbe auf der Zweierstufe zu nennen. Ihre 1SA-Antwort beschreibt eine Hand von 6-9 FP ohne eine Farbe, die auf der Einerstufe genannt werden kann, und ohne Unterstützung der Partnerfarbe. 1SA als Antwortgebot verlangt nicht, daß die Hand ausgeglichen verteilt ist.

f) 1♠. Die Länge Ihrer Farbe und die Stärke Ihrer Hand können Sie durch Ihr Rückgebot ausdrücken.

g) 2♣. Obwohl Sie die Karo Ihres Partners mit vier Karten unterstützen können, sollten Sie 2♣ antworten. Durch dieses Gebot zeigen Sie 10 oder mehr Punkte und verneinen vier Karten in einer der Oberfarben. Ihre Karo-Unterstützung können Sie evtl. später einbringen.

4. a) 3♠. Fit in der Partnerfarbe und 12 Punkte. Durch Sprung in der Partnerfarbe (ein einladendes Gebot) zeigen Sie beides.

b) 1SA. Keine Farbübereinstimmung, ausgeglichene Verteilung und mit 7 Punkten zu schwach, eine eigene Farbe auf der Zweierstufe zu reizen.

c) 2♠. Gute 4er Unterstützung der Partnerfarbe, aber mit 8 FP ist Hebung nur auf die Zweierstufe angebracht.

d) 4♠. Fit in der Partnerfarbe und stark genug, direkt auf Vollspiel zu heben.

e) 1SA. Mit 6 Punkten dürfen Sie nicht passen. Die Farbe Ihres Partners können Sie nicht unterstützen und mit Ihren wenigen Punkten können Sie auch Ihre eigene Farbe auf der Zweierstufe nicht nennen.

f) 4♠. Mit Ihrer guten Pik-Unterstützung und den 13 Punkten (11 FP + 2 DP) sind Sie stark genug, sofort auf Vollspiel zu gehen.

g) 2♣. Ihr Blatt ist unausgeglichen verteilt, und Sie sind stark genug, Ihre längste Farbe auf der Zweierstufe zu nennen.

5. a) 2♥. Mit 6 FP sind Sie sehr schwach. Sie wissen, daß Sie gemeinsam mit Ihrem Partner nur im Teilkontrakt-Bereich sind. Ein Coeur-Kontrakt ist Ihnen aber angenehmer als ein SA-Kontrakt, und da Ihr Partner mindestens ein Doubleton in Coeur halten muß, reizen Sie deshalb Ihre Farbe auf der niedrigsten Stufe.

b) 3SA. Mit Ihren 14 FP und ausgeglichener Hand sowie den mindestens 12 FP und der ausgeglichen verteilten Hand Ihres Partners reizen Sie natürlich Vollspiel.

c) 2SA. Mit 12 FP und ausgeglichener Verteilung überlassen Sie die Entscheidung, auf 3SA zu gehen, Ihrem Partner. Falls er mit mehr als Minimum eröffnet hat, wird er auf Vollspiel heben, andernfalls passen.

d) 3♥. Mit Ihren 15 Punkten (14 FP + 1 LP) und dem 5er Coeur sind Sie im Vollspielbereich. Der Sprung auf 3♥ forciert Ihren Partner zu einem weiteren Gebot und zur Entscheidung zwischen 4♥ (mit mindestens einem 3er Coeur) und 3SA (mit nur einem Doubleton in Coeur).

Quiz 8

1. a) Passe. Sie müssen mit diesem Teilkontrakt zufrieden sein, denn Ihre 14 Punkte (13 FP + 1 LP) reichen selbst dann zum Vollspiel nicht aus, wenn Ihr Partner mit 9 Punkten geantwortet haben sollte. Reizen Sie keinesfalls noch Ihre zweite Farbe, nachdem Ihr Partner Ihre Oberfarbe bestätigt hat.

   b) 3♥. Mit Ihren 17 Punkten (15 FP + 2 LP) laden Sie Ihren Partner ein, mit mehr als Minimum auf Vollspiel zu gehen oder aber zu passen, falls er mit einer sehr schwachen Hand geantwortet hat.

   c) 4♥. Mit einer so starken Hand (17 FP + 2 LP für zwei 5er Farben) sind Sie auch dann im Vollspielbereich,wenn Ihr Partner mit nur 6 Punkten geantwortet haben sollte. Falsch wäre es, jetzt noch das Karo zu nennen, nachdem Ihr Partner den Oberfarben-Fit bestätigt hat.

2. a) 2♠. Sie sind mit der Partnerfarbe einverstanden. Da Sie jedoch eine schwache Hand haben, heben Sie nur um eine Stufe. Passen dürfen Sie, nachdem Ihr Partner eine neue Farbe genannt hat, ja nicht.

   b) 3♦. Sie können die Partnerfarbe nicht unterstützen, und auch keine zweite Farbe nennen. Wiederholen Sie deshalb Ihre Farbe, was Sie ja mit mindestens fünf Karten in dieser Farbe dürfen. Ihre Stärke, die unausgeglichene Hand und die 6er Länge zeigen Sie durch einen Sprung auf die Dreierstufe.

   c) 1SA. Das Rückgebot 1SA zeigt eine ausgeglichene Hand mit 15-16 FP, eine Hand, die für eine 1SA-Eröffnung zu stark ist.

3. a) 2♣. Ihr Partner hat 6-9 FP. Mit Ihren 12 FP + 2 LP können Sie nur einen Teilkontrakt reizen.Ihre unausgeglichene Hand und Ihre Schwäche zeigen Sie am besten durch Wiederholung Ihrer Farbe auf der niedrigsten Stufe. Reizen Sie keinesfalls Ihre zweite Farbe Coeur. Wäre Ihr Partner an Coeur interessiert, hätte er diese Farbe in seinem ersten Gebot genannt.

b) 3SA. Mit 19 FP und ausgeglichener Hand springen Sie in Vollspiel.

c) Passe. Die SA-Antwort verspricht maximal 9 Punkte. Mit Ihrer ausgeglichenen Hand und15 FP ist für Sie1SA der beste Kontrakt.

Quiz 9

1. a) Der Eröffner hat seine Farbe nicht auf der Zweier- sondern auf der Dreierstufe wiederholt. Er zeigt dadurch eine unausgeglichene Hand von mittlerer Stärke (16-18 FP) und ein 6er oder längeres Pik.

b) Der Eröffner besitzt ein 4er oder längeres Karo und ein 4er Coeur, womit er die Farbe des Antworters unterstützt hat. Er hat nur mit Minimalstärke (12-15 Punkte) eröffnet. Wäre er stärker, hätte er die Farbe des Antworters nicht nur auf die Zweierstufe gehoben.

c) Der Eröffner hat eine ausgeglichene Hand und 15-16 FP. Er hält ein 4er oder 5er Karo, aber nur zwei oder drei Karten in Pik. Andernfalls hätte er die Oberfarbe des Antworters unterstützt.

d)Das Rückgebot des Eröffners zeigt eine unausgeglichene Hand mit 12-15 Punkten, mit einem 5er oder längeren Coeur und mindestens vier Karten in Treff. Somit kann der Eröffner in Karo und Pik zusammen höchstens vier Karten besitzen. Die Oberfarbe seines Partners konnte er nicht unterstützen. Also hat er höchstens ein 3er Pik. Der Eröffner läßt seinen Partner zwischen Coeur und Treff entscheiden.

e) Der Eröffner hat eine neue Farbe im Sprung gereizt. Durch dieses Rückgebot zeigt er unausgeglichene Verteilung und 19 oder mehr Punkte. Da er Pik zuerst gereizt hat, müssen Pik und Coeur entweder gleich lange 5er oder 6er Farben sein oder Pik ist länger als Coeur (5-4 oder 6-5 verteilt). Pik ist also eine 5er oder längere Farbe.

f) Durch sein Rückgebot zeigt der Eröffner eine ausgeglichene Hand mit 17-18 FP. Treff ist eine 4er oder 5er Farbe. In Coeur besitzt er höchstens drei Karten. Wäre sein Coeur länger, hätte er die Oberfarbe seines Partners unterstützt.

2. a) Ohne Stopper in Pik können Sie trotz der gemeinsamen Punktstärke von mindestens 25 FP keine 3SA reizen. Sie müssen deshalb die Treff unterstützen und zum Vollspiel einladen. Reizen Sie 4♣.

b) Mit Ihren 11 FP + 2 LP wiederholen Sie Ihre Farbe im Sprung: 3♥. Sie zeigen dadurch Ihre Stärke und Ihre Länge in Coeur. Ihr Partner weiß jetzt, daß Sie gemeinsam Vollspielstärke besitzen. Er muß über die Denomination entscheiden.

c) Mit Ihren 8 FP sind Sie nur im Teilkontraktbereich. Ihr Partner hat Ihnen zwei Farben angeboten. Bessern Sie auf 2♦ aus.

d) Sie haben 16 FP und gute Stopper in den beiden vom Partner nichtgereizten Farben. Sie können problemlos 3SA bieten.

Quiz 10

1. Für einen Farbüberruf auf der Einerstufe sind mindestens 8 FP, auf der Zweierstufe mindestens 10 FP sowie in beiden Fällen eine starke 5er oder längere Farbe erforderlich.

2. Für einen Überruf in 1SA sind eine ausgeglichene Hand, 16 oder mehr FP und mindestens ein Stopper in der vom Gegner angereizten Farbe erforderlich.

3. a) Obwohl Sie nur 9 FP besitzen, sollten Sie aktiv werden. Sie haben eine gute 5er Farbe und sind stark genug, diese auf der Einerstufe zu nennen. Reizen Sie 1♠.

b) Um gegenzureizen müßten Sie auf die Zweierstufe gehen. Mit dieser schwachen 5er Farbe und nur 8 FP müssen Sie passen.

c) 17 FP. Eine starke Hand ohne 5er Farbe. Die vom Gegner gereizte Farbe decken Sie ab. 1SA ist das richtige Gebot.

Quiz 11

1. Man will erreichen, daß die Gegner für ihre Faller stärker bestraft werden.

2. Er signalisiert eigene Eröffnungsstärke und Spielbereitschaft in den von den Gegnern nichtgereizten Farben.

3. Ein Kontra ist Informationskontra, wenn der Partner des Kontrierenden noch nicht gereizt hat und die Gegner im Bereich eines Teilkontrakts sind.

4. a) Kontra. Mit den 13 FP, mit der Kürze in der Gegnerfarbe und den guten 4er Längen in den nichtgereizten Farben besitzen Sie eine ideale Hand für ein Informationskontra.

   b) Mit dieser starken 6er Farbe und den 12 FP müssen Sie 2♥ reizen. Informationskontra wäre mit Ihrer 6-3-3-Verteilung in den nichtgereizten Farben eine falsche Entscheidung.

   c) Passe. Sie haben zwar 13 FP, aber zwei 3er Farben in den nichtgereizten Farben. Und nur drei Karten in der anderen Oberfarbe sind für Informationskontra ebenfalls nicht ausreichend. Auch 2♦ können Sie nicht reizen. Für dieses Gebot ist Ihre 5er Farbe viel zu schwach.

   d) Kontra. Obwohl Ihnen 4er Farben in allen drei nichtgereizten Farben lieber wären, ist diese Hand für ein Informationskontra durchaus akzeptabel. Sie haben Eröffnungsstärke, und Ihre 3er Farbe ist eine Unterfarbe.

Quiz 12

1. a) 3♦. Sie haben eine gute 7er Farbe und eine Hand, die für eine Eröffnung auf der Einerstufe viel zu schwach ist.

   b) 1♠. Trotz der 7er Farbe ist das keine Hand für ein Sperrgebot. Ihr Blatt ist stark genug für eine normale Eröffnung auf der Einerstufe.

c) 3♠. Sie halten eine starke 7er Farbe in einer Hand, die mit 8 FP + 3 LP für eine 1♠-Eröffnung zu schwach ist.

d) Passe. Ihre 7er Farbe ist zu schwach für eine Eröffnung auf der Dreierstufe.

2. a) 4♠. Mit Ihren 16 FP sind Sie stark genug, auf Vollspiel zu gehen.

b) Passe. Für eine positive Antwort sind Sie viel zu schwach.

c) Passe. Trotz Ihrer 13 FP müssen Sie passen. Ihr Partner hat durch seine Eröffnung ein schwaches Blatt gezeigt. Ihre gemeinsame Stärke reicht für Vollspiel nicht aus.

Quiz 13

1. a) 2SA. Ausgeglichenes Blatt, 21 FP und Stopper in jeder Farbe.

b) 2♣. 23 FP + 2 LP für die 6er Farbe. Auch wenn Ihr Partner nur sehr wenig oder gar nichts mitbringt, sind Sie im Vollspielbereich. Durch Pik-Rückgebot werden Sie Ihre Hand weiter beschreiben.

c) 2♥.Mit 18 FP + 3 LP sind Sie für eine 2♣-Eröffnung nicht stark genug. Ihre Punktstärke, die Farblänge und acht bis neun Spielstiche reichen jedoch für eine Eröffnung auf der Zweierstufe aus.

d) 2SA. Ausgeglichenes Blatt, 22 FP und Stopper in jeder Farbe.

2. a) 3SA. Ihr Partner verspricht mindestens 20 FP. Mit Ihren 7 FP sind Sie im Vollspielbereich. Da Sie kein Interesse an einem Oberfarben-Kontrakt haben, heben Sie auf Vollspiel in Sans Atout.

b) 7SA! Groß-Schlemm. Ganz selten werden Sie so ein Blatt erhalten und gleichzeitig Ihr Partner eine Hand mit 20-22 FP. Sie erinnern sich: bei 33 oder mehr Punkten liegt ein Klein-Schlemm im Bereich des Möglichen, mit 37 oder mehr FP sollten Sie Groß-Schlemm reizen. Mit Ihren 18 FP verfügen Sie gemeinsam über 38 FP. Keine Frage, Sie können alle Stiche gewinnen.

c) 4♠. 6 FP + 2 LP. Sie sind stark genug für Vollspiel. Bei Ihrem Partner können Sie mit mindestens zwei Pik-Karten rechnen. Sie haben einen Fit gefunden und springen auf 4♠.

d) 6♣. Klein-Schlemm. Mindestens ein Doubleton bringt Ihr Partner in Treff mit. Da er 2SA eröffnet hat und in allen Farben, auch in Treff, Stopper besitzt, muß ♣ A bei ihm sitzen. Gemeinsam halten Sie also neun oder mehr Karten in Treff. Mit Ihren 15 Punkten (12 FP + 3 LP), den 20-22 FP Ihres Partners und Ihrem guten Treff-Fit können Sie deshalb zwölf Stiche gewinnen.

3. a) 2♦. Nach 2♣-Eröffnung Ihres Partners dürfen Sie nicht passen. Das künstliche Antwort-Gebot 2♦ sagt Ihrem Partner, daß Sie weniger als 8 Punkte haben.

b) 2SA. Mit ausgeglichener Hand und 8 FP antworten Sie positiv.

c) 2♥. Mit diesem Gebot zeigen Sie 8 oder mehr FP und ein 5er Coeur, eine Information, auf der Ihr Partner jetzt aufbauen kann.

4. a) 3♠. Mit einem 3er Pik und mindestens 8 FP können Sie die Partnerfarbe unterstützen.

b) 2SA. Dieses künstliche Gebot ist die Negativ-Antwort auf eine starke 2er Eröffnung und zeigt nicht etwa Interesse an einem SA-Kontrakt.

c) 3♦. Sie haben genügend Punkte für eine positive Antwort, können aber die Partnerfarbe nicht unterstützen. Nennen Sie deshalb Ihre längste Farbe.

Quiz 14

1. a) 2♣ (Stayman). Sie möchten von Ihrem Partner wissen, ob er ein 4er Pik hat. Antwortet er 2♠, laden Sie ihn durch 3♠ zu Vollspiel in Pik ein. Antwortet er 2♦ oder 2♥, laden Sie ihn durch 2 SA zu Vollspiel in Sans Atout ein.

b) Passe. Sie können nicht 2♣ reizen, denn das ist Stayman. Mit einem 5er Treff und so geringer Punktzahl müssen Sie passen.

c) 2♣ (Stayman). Sie wissen, daß Sie und Ihr Partner stark genug für ein Vollspiel sind. Sie wissen aber noch nicht, ob 4♥, 4♠ oder 3SA der beste Endkontrakt ist. Wenn Ihr Partner 2♥ oder 2♠ antwortet, heben Sie auf 4♥ bzw. 4♠. Antwortet er negativ (2♦), springen Sie auf 3SA.

2. a) 2♠. Obwohl Ihre 4er Farbe nicht stark ist, müssen Sie 2♠ reizen. Ihr Partner möchte nur wissen, ob Sie eine 4er Oberfarbe besitzen oder nicht.

b) 2♦. Künstliches Gebot, um dem Partner mitzuteilen, daß Sie eine Hand ohne 4er Oberfarbe halten.

c) 2♥. Mit zwei 4er Oberfarben antworten Sie Coeur, auch wenn das die schwächere Oberfarbe ist.

3. a) 5♥. Konventionelle Antwort auf Blackwood-Reizung Ihres Partners. 5♥ zeigt zwei Asse.

b) 5♣. Konventionelle Antwort auf As-Frage Ihres Partners. 5♣ zeigt eine Hand ohne Asse.

c) 5♦. Konventionelle Antwort auf As-Frage Ihres Partners. Sie zeigen dadurch ein As.

E. ANHANG

1. Die Abrechnung

Bridge kann im kleinen Kreis gespielt werden oder in einem Bridge-Club. Unter Freunden (zu Haus, meist nur in **einer** Bridgerunde zu viert) spielt man meist das sogenannte **"Rubber-Bridge"**. Im Club (mit vielen anderen zusammen) **"Turnier-Bridge"**. Lassen Sie uns mit der (etwas komplizierteren) Abrechnung beim Rubber-Bridge beginnen.

1.1 Die Abrechnung beim Rubber-Bridge

Zweck des Spielens beim Rubber-Bridge ist es, mit seinem Partner mehr Punkte zu gewinnen als das (im Gegensatz zum Club- oder Turnier-Bridge) **einzige** gegnerische Paar und so bald wie möglich einen "Rubber" zu erreichen. Einen Rubber erreicht man, wenn man zwei "Partien" (auch: "Manches" oder Vollspiele) gereizt und gewonnen hat. Eine Partie kann auch aus mehreren Teilkontrakten bestehen. So genügt beispielsweise nach einem gereizten und erfüllten 3♦-Kontrakt (60 Stichwertpunkte) im nächsten Spiel schon ein gewonnener 1SA-Kontrakt (40 Stichwertpunkte), um zu einer Partie zu kommen. Es ist also durchaus möglich, eine Partie auch in drei oder mehr Etappen zu erreichen. Allerdings kommt das sehr selten vor, denn wenn eine Seite eine Partie gewinnt, werden die bis dahin angesammelten Stichwertpunkte der anderen Seite als Teil einer eigenen Partie nicht mehr berücksichtigt, sondern nur noch bei der Endabrechnung mitgezählt.

Nach dem Gewinn der ersten Partie befindet man sich in der Gefahrenzone. Für Erfüllung eines Rubbers, also nach zwei gewonnenen Partien, erhält man eine Rubber-Prämie. Hat eine Partnerschaft einen Rubber gewonnen, ohne daß die Gegner eine Partie für sich verbuchen konnten, erhält sie eine Rubber-Prämie von 700 Punkten. Hat die Gegenpartei jedoch eine Partie gewonnen, beträgt die Rubber-Prämie nur 500 Punkte. Die Unterlegenen können sich dann 300 Punkte als Prämie für die eine gewonnene Partie anschreiben.
Zum Anschreiben besorgt man je Spieler einen Bridgeblock oder man sieht die notwendigen Unterteilungen auf einem Blatt Papier selbst vor. Am besten ist es, wenn jeder Spieler den aktuellen Spielstand, die

eigenen und die Ergebnisse der Gegner, fortschreibt. Ein senkrechter Strich trennt jeweils eine Seite in "WIR" und "SIE", was "unsere Partei" und "gegnerische Partei" bedeuten soll. Das untere Drittel einer Seite ist durch einen waagerechten Strich abgeteilt.
Unter dem waagerechten Strich trägt man nach erfüllten Kontrakten die Stichwertpunkte ein, bis eine Partei schließlich 100 dieser Punkte (durch ein Vollspiel oder mehrere Teilkontrakte) erreicht bzw. überschritten und die erste Partie (Manche) und später die zweite Partie (also den Rubber) gewonnen hat.
Über dem waagerechten Strich werden Prämien für Überstiche, erfüllte Schlemms, Partie und Rubber sowie Punkte für Faller angeschrieben. Kontrierte oder rekontrierte Faller werden für die Verlierer, wie wir wissen, sehr teuer. Kontrakte, die nach einem Kontra oder Re-Kontra, erfüllt wurden, können durch das Prinzip der jeweiligen Verdoppelung der Stichwertpunkte einen Teilkontrakt in ein Vollspiel, in eine Partie verwandeln. So kann beispielsweise ein kontrierter und erfüllter 2♠-Kontrakt (2 x 60 = 120 Punkte) oder auch ein kontrierter, rekontrierter und erfüllter 2♦-Kontrakt (4 x 40 = 160 Punkte) eine Partie ergeben. Zusätzlich werden der Partnerschaft, die einen kontrierten oder re-kontrierten Kontrakt erfüllt hat, 50 Punkte gutgeschrieben, "für die Beleidigung", sagt man.
Im Rubber-Bridge sind außerdem noch einige etwas seltsame, eher an ein Glücksspiel erinnernde Prämien vorgesehen. Wenn nämlich in einem Farbkontrakt einer der Spieler alle vier oder (die 10 mitgerechnet) sogar alle fünf Figuren der Trumpffarbe oder in einem SA-Kontrakt alle vier Asse in seiner Hand hält, bekommt er 100 bzw. 150 Prämienpunkte. Da es nicht einzusehen ist, daß man für das Glück, gute Karten erhalten zu haben, auch noch zusätzlich belohnt werden soll, geht man in Deutschland mehr und mehr dazu über, ohne diese Art von Prämien zu spielen.
Bei der Endabrechnung werden die beiden senkrechten Zahlenkolonnen addiert. Anschließend wird das eine Ergebnis von dem anderen abgezogen. Durch diese Art der Endabrechnung ist es durchaus möglich, daß das Paar, das einen Rubber gewonnen hat, am Ende schlechter abschneidet als seine Gegner, die keinen Rubber gewonnen haben.

Stichwertpunkte für gereizte und erfüllte Kontrakt (unter der Linie):

	unkontriert	kontriert	rekontriert
jeder Stich ab 7. Stich			
Oberfarben	30	60	120
Unterfarben	20	40	80
7. Stich in SA-Kontrakt	40	80	160
ab 8. Stich in SA-Kontrakt	30	60	120

Prämien (über der Linie):

	nicht in Gefahr	in Gefahr
Überstich unkontriert	entsprechend seinem Stichwert	
Überstich kontriert	100	200
Überstich rekontriert	200	400
Klein-Schlemm	500	750
Groß-Schlemm	1000	1500
Erfüllung eines		
kontrierten Kontrakts	50	
rekontrierten Kontrakts	100	
Gewinn eines Rubbers (Gegner keine Partie)	700	
Gewinn eines Rubbers (Gegner **eine** Partie)	500	
Vier Figuren in Trumpffarbe in einer Hand	100	
Fünf Figuren in Trumpffarbe in einer Hand	150	
Alle vier Asse bei SA-Kontrakt in einer Hand	150	

Faller	nicht in Gefahr			in Gefahr		
	unkontr.	kontr.	rekontr.	unkontr.	kontr.	rekontr.
1	50	100	200	100	200	400
2	100	300	600	200	500	1000
3	150	500	1000	300	800	1600
4	200	800	1600	400	1100	2200
5	250	1100	2200	500	1400	2800
		usw.			usw.	

1.2 Die Abrechnung beim Turnier-Bridge

Während beim Rubber-Bridge das Kartenglück, der zufällige Besitz einer guten oder weniger guten Hand eine nicht unerhebliche Rolle spielt und daher der Gewinn einer Partie und eines Rubbers nicht ausschließlich von gutem Spiel abhängig ist, wird beim Turnier-Bridge der Zufall weitgehend ausgeschaltet. Wie bereits erwähnt, werden beim Turnier-Bridge die Karten nach einem Spiel wieder in die mit Nord, Ost, Süd und West bezeichneten Fächer eines Boards zurückgesteckt, so daß anschließend dieselbe Austeilung an anderen Tischen von anderen Paaren erneut gespielt werden kann. Durch dieses Verfahren ist es möglich, am Ende eines Turniers die Ergebnisse miteinander zu vergleichen und eine Reihenfolge mit einem Siegerpaar und Plazierten zu ermitteln. Die Partnerschaft, die aus den Karten eines Boards das meiste herausgeholt hat, bekommt die meisten Punkte, den "Top". Das Paar mit dem schlechtesten Ergebnis geht bei diesem Board leer aus. Es erhält einen "Nuller". Turnier-Bridge ist vor allem deshalb sehr interessant und wird auch immer beliebter, weil unabhängig von guten oder schlechten Karten ein echter Vergleich zwischen den verschiedenen Nord/Süd- bzw. Ost/West-Paaren möglich ist.
Im Turnier-Bridge werden nicht wie beim Rubber-Bridge durch ein Vollspiel oder mehrere Teilkontrakte Partien und Rubber erreicht. Die jeweilige Gefahrenlage kann deshalb auch nicht vom Gewinn einer Partie abhängen. Aus diesem Grund wurden die Regeln für Turnier-Bridge geringfügig abgeändert: Auf jedem Board (dem Behälter für die 4 x 13 Spielkarten) ist bereits vermerkt, wer Teiler ist und wer in Gefahr ist. Prämien für den Besitz aller vier oder fünf Figuren in der Trumpffarbe oder aller vier Asse bei einem SA-Kontrakt gibt es im Turnier-

Bridge nicht. Statt der Gutschriften für eine Partie oder einen Rubber gibt es für einen Teilkontrakt 50 Prämienpunkte, für ein erfülltes Vollspiel nicht in Gefahr 300 Punkte, in Gefahr 500 Punkte. Alle anderen Anschreibungen sind im Turnier-Bridge genauso wie im Rubber-Bridge.

In jedem Board steckt außer den 4 x 13 Karten ein zusammengefaltetes Begleitpapier, der **"Boardzettel"**, auf dem nach beendetem Spiel jeweils der auf Nord sitzende Spieler das Spielergebnis einträgt. Das Board mit den Spielkarten und dem wieder zusammengefalteten Boardzettel wird anschließend an einen vorher durch die Turnierleitung bestimmten anderen Tisch weitergeleitet.

Natürlich kann man auch im kleinen Kreis zu viert ohne das Ziel, einen Rubber erreichen zu müssen, turniermäßig (mit Prämienpunkten für Teilkontrakte und Vollspiele) aufschreiben. Man unterteilt ein Blatt Papier in eine WIR- und eine SIE-Spalte und schreibt jeweils die positiven Ergebnisse für sich selbst und für die Gegner in die entsprechende Spalte. Wenn es keine Turnier-Boards mit Aufdruck der Gefahrenlage gibt, legt man die Gefahrenlage in einem Turnus fest, der sich alle vier Spiele wiederholt: Im ersten Spiel ist niemand in Gefahr, im zweiten und dritten Spiel die jeweilige Partei des Teilers, und im vierten Spiel sind beide Parteien in Gefahr. Diese Art der Anschreibung wird oft "Chicago" genannt.

2. Verzeichnis der im Text verwendeten Fachausdrücke

Abschlußgebot	Gebot, das dem Partner mitteilt, über das Gebotene hinaus nicht mehr weiterreizen zu wollen
Abwerfen	Spielen einer Karte, deren Farbe weder der ausgespielten Farbe entspricht noch Trumpf ist
Alleinspieler	Spieler, der als erster die Denomination des von seiner Partei gereizten Endkontrakts genannt hat
Angreifen	Zum ersten Stich ausspielen
Angriff	(auch Anspiel) Karte, die zum ersten Stich ausgespielt wird
Ansage	Bezeichnung für "Passe", "Kontra" und "Re-Kontra"
Anspiel	(auch: Angriff) Karte, die zum ersten Stich ausgespielt wird
Anspielmarke	Markierung für den Partner zum Ausspiel einer bestimmten Farbe
Antworter	Partner des Eröffners bzw. des Gegenreizers
Auktion	(auch: Reizung) Ermittlung des Endkontrakts durch aufeinanderfolgende Gebote und Ansagen
Ausbessern	Reizen der erstgenannten Farbe des Partners
Ausgeglichene Hand	(oder ... Verteilung) Hand mit 4-3-3-3- oder 4-4-3-2- oder 5-3-3-2-Verteilung
Ausspiel	Erste zu einem Stich gespielte Karte
Ausspielen	Spielen der ersten Karte eines Stiches

Bedienen	(auch: zugeben, Farbe bekennen) Spielen einer Karte der ausgespielten Farbe
Bietfolge	Aufeinanderfolgende Gebote oder Ansagen in einer Auktion
Blackwood	Konvention zur Ermittlung der Anzahl von Assen (und Königen) in der Hand des Partners
Blanke Farbe	(auch: Chicane) Farbe, in der man keine Karte hält
Blatt	Die 13 an einen Spieler ausgeteilten bzw. seine noch nicht gespielten Karten
Buch	Die ersten sechs gewonnenen Stiche
Chicane	(auch: Blanke Farbe) Farbe, in der man keine Karte hält
Denomination	In einem Gebot genannte Farbe oder Sans Atout
Doubleton	Die zwei einzigen Karten einer Farbe in der Hand
Dummy	Partner des Alleinspielers oder dessen Karten
Dummypunkte (DP)	Aufwertung der Hand für Chicane, Singleton und Doubleton, wenn derjenige, der ein Gebot abgibt, die Partnerfarbe unterstützen kann und Dummy werden wird
Einladendes Gebot	Gebot, das den Partner auffordert, entsprechend seiner Stärke zwischen Weiterreizen und Passen selbst zu entscheiden
Einladung	Aufforderung an den Partner, falls er Zusatzwerte besitzt, noch einmal zu reizen, andernfalls aber zu passen

Endkontrakt	Verpflichtung, die in einem Farbkontrakt oder SA-Kontrakt zuletzt gereizte Mindestzahl von Stichen zu gewinnen
Erfüllen	Gewinnen der durch das letzte Gebot festgelegten Anzahl von Stichen
Eröffnungsgebot	Erstes Gebot in einer Auktion
Eröffnungsstärke	Zur Abgabe eines Eröffnungsgebots ausreichende Punktstärke (mindestens 12 Punkte)
Faller	(auch: Unterstich) Jeder Stich, der an der Anzahl von Stichen fehlt, zu deren Gewinn sich eine Partei verpflichtet hat
Farbe	Eine der vier Gruppen von 13 Karten in einem Kartenpaket (Pik, Coeur, Karo, Treff)
Farbe bekennen	(auch: bedienen, zugeben) Spielen einer Karte der ausgespielten Farbe
Farbfit	Besitz von mindestens acht Karten einer Farbe in den gemeinsamen Händen zweier Partner
Farbspiel	Spiel mit einer der vier Farben als Trumpf
Figuren	As, König, Dame, Bube
Figurenpunkte (FP)	Punkte zur Bewertung der vier Figuren einer Farbe, um die Stärke einer Hand zu ermitteln
Finesse	(auch: Impaß, Schnitt) Gewinn eines Stiches, indem man eine höhere Karte des Gegners zwischen Dummy und Hand oder umgekehrt "in die Mitte nimmt"

Fit	Besitz von mindestens acht Karten einer Farbe in den gemeinsamen Händen zweier Partner
Folgegebot	(auch: Rebid, Wiedergebot, Rückgebot) Das zweite Gebot des Eröffners oder Antworters
Forcierendes Gebot	Gebot,das den Partner zur Weiterreizung zwingt
Geber	(meist "Teiler" genannt) Derjenige, der alle 52 Karten an die vier Spieler austeilt und das Recht hat, das erste Gebot abzugeben bzw. zu passen
Gebot	Die in einer Auktion eingegangene Verpflichtung, in einem Spiel eine Mindestanzahl von Stichen zu gewinnen
Gegenreizung	Abgabe eines Gebots, nachdem die Gegner eröffnet haben
Gegner	Spieler der Seite (Partei), die den Endkontrakt nicht erreizt hat
Groß-Schlemm	Kontrakt, der den Gewinn aller 13 Stiche verspricht
Hand	Die an einen Spieler ausgeteilten 13 Karten bzw. die noch in seiner Hand befindlichen, noch nicht gespielten Karten. (Auch: Der Alleinspieler, im Gegensatz zum Dummy
Hochspielen	Das Heraustreiben höherer Karten eines Gegners, um mit darunterliegenden Karten Stiche zu gewinnen
Impaß	(auch: Schnitt, Finesse) Gewinn eines Stiches, indem man eine höhere Karte des Gegners zwischen Dummy und Hand oder umgekehrt "in die Mitte nimmt"

Informationskontra	Kontra, das den Partner auffordert, seine längste Farbe zu nennen
Klein-Schlemm	Kontrakt, der den Gewinn von zwölf Stichen verspricht
Kontra	Ansage, die die Bestrafung von Fallern, aber auch - im Falle der Erfüllung des kontrierten Kontrakts - die Stichwertpunkte des Kontrakts und die Belohnung von Überstichen erhöht
Kontrakt	Durch ein Gebot definierte Denomination und Anzahl von Stichen
Konvention	Künstliches Gebot oder Folge von Geboten, deren inhaltliche Bedeutung nicht mit der ursprünglichen Wortbedeutung übereinstimmt
Künstliches Gebot	Gebot, dessen inhaltliche Bedeutung nicht mit der ursprünglichen Wortbedeutung übereinstimmt
Längenpunkte (LP)	Punkte für jede über eine 4er Länge hinausgehende Anzahl von Karten einer Farbe (zur Ermittlung der Stärke einer Hand)
Limit-Gebot	Punktmäßig begrenztes Gebot
Natürliches Gebot	Gebot, dessen inhaltliche Bedeutung der Wortbedeutung entspricht
Nebenfarbe	Eine Farbe, die nicht Trumpffarbe ist
Oberfarben	Die Farben Pik und Coeur
Passe	Ansage, die ausdrückt, daß ein Spieler zum gegenwärtigen Zeitpunkt kein Gebot abgeben möchte

Prämie	Wertungspunkte für Erfüllung eines Teilkontrakts, Vollspiels oder Schlemms
Rebid	(auch: Rückgebot, Folgegebot, Wiedergebot) Das zweite Gebot des Eröffners oder Antworters
Reizung	(auch: Auktion) Ermittlung des Endkontrakts durch aufeinanderfolgende Gebote und Ansagen
Re-Kontra	Ansage, die die Wertpunkte des Kontras verdoppelt
Reverse	Stärke zeigendes Rückgebot des Eröffners oder Antworters auf der Zweier- oder einer höheren Stufe in einer neuen, ranghöheren Farbe als das erste Gebot
Rückgebot	(auch: Rebid, Folgegebot, Wiedergebot) Das zweite Gebot des Eröffners oder Antworters
Sans Atout	Kontrakt ohne Trumpffarbe
Schlemm	Kontrakt für 12 oder 13 Stiche
Schneiden	Einen "Schnitt" machen (siehe: "Schnitt")
Schnitt	(auch: Impaß, Finesse) Gewinn eines Stiches, indem man eine höhere Karte des Gegners zwischen Dummy und Hand oder umgekehrt "in die Mitte nimmt"
Semiforcing	Zu mindestens einem weiteren Gebot forcierend
Sequenz	Mindestens drei aneinander liegende Karten einer Farbe (z.B. K D B oder B 10 9)

Singleton	Die einzige Karte einer Farbe in der Hand
Sperrgebote	Alle natürlichen Eröffnungsgebote in Farbe ab 3♣
Sprunggebot	Gebot, mit dem eine volle Bietstufe übersprungen wird
Stayman	Oberfarben-Frage nach 1SA-Eröffnung des Partners durch das Gebot 2♣ (Konvention)
Stechen	(auch: Trumpfen) Spielen einer Trumpfkarte, wenn man die ausgespielte Farbe nicht bedienen kann
Stich	Vier Karten: die ausgespielte Karte und je eine Karte der drei nachfolgenden Spieler
Stichwertpunkte	Punkte, die der Partei des Alleinspielers für Erfüllung eines Kontrakts gutgeschrieben werden
Stopper	Karte oder Kombination von Karten, die verhindert, daß die Gegner alle Stiche einer Farbe gewinnen
Strafkontra	Ansage, die die Bestrafung von Fallern, aber auch - im Falle der Erfüllung des kontrierten Kontrakts - die Stichwertpunkte des Kontrakts und die Belohnung von Überstichen erhöht
Teiler	(auch: Geber) Derjenige, der alle 52 Karten an die vier Spieler austeilt und das Recht hat, das erste Gebot abzugeben bzw. zu passen
Teilkontrakt	Kontrakt, dessen Erfüllung weniger als 100 Stichwertpunkte ergibt
Teilung	Verteilung aller 52 Karten an die vier Spieler oder: ein ganzes Spiel als Einheit

Tisch	Der Dummy
Trumpf	Eine Karte in der Farbe, die in der Auktion als Farbe mit Vorrechten gegenüber den anderen drei Farben bestimmt worden ist
Trumpfen	(auch: Stechen) Spielen einer Karte der Trumpffarbe, wenn man eine ausgespielte andere Farbe nicht bedienen kann
Überruf	Abgabe eines Gebots, nachdem die Gegner bereits geboten haben
Überstich	Jeder Stich, den der Alleinspieler zusätzlich zu der im Endkontrakt festgelegten Anzahl von Stichen gewinnt
Unterfarben	Die Farben Karo und Treff
Unterstich	(auch Faller:) Jeder Stich, der an der Anzahl von Stichen fehlt, zu deren Gewinn sich eine Partei verpflichtet hat
Verlierer	Karten, die keinen Stich gewinnen können
Verteilung	Aufteilung der 13 Karten einer Hand auf die vier Farben und Aufteilung einer Farbe auf die Hände der vier Spieler
Vollspiel	Kontrakt, dessen Erfüllung mindestens 100 Stichwertpunkte ergibt
Wiedergebot	(auch: Rebid, Rückgebot, Folgegebot) Das zweite Gebot des Eröffners oder Antworters
Zugeben	(auch: Bedienen, Farbe bekennen) Spielen einer Karte der ausgespielten Farbe

3. Geschichte und Entwicklung des Bridge

Im Gegensatz zum Schach ist Bridge ein verhältnismäßig junges Spiel. Bridge in der heutigen Form wird erst seit 1925 gespielt. Die Wurzeln und Vorläufer des Bridge allerdings reichen weiter zurück.

Schon im 17. Jahrhundert spielte man in England ein Spiel mit 52 Karten, die an vier Spieler ausgeteilt wurden. Eine Trumpf-Farbe bestimmte man durch Herumdrehen der letzten ausgeteilten Karte. Zwei sich gegenüber sitzende Spieler bildeten ein Team, und für jeden gewonnenen Stich wurden 50 Punkte gutgeschrieben. Sehr einfach und vielleicht deshalb sehr beliebt war dieses Kartenspiel, das man "Whist" nannte und bei dem man in vornehmen Londoner Clubs viel Geld verlieren und natürlich auch gewinnen konnte.

Ende des 19. Jahrhunderts wurde Whist weiterentwickelt, und ein dem Bridge ähnliches Spiel entstand. Höchstwahrscheinlich türkischer oder russischer Herkunft wurde es von Offizieren in Ägypten und Indien aber auch in Frankreich, Rußland, der Türkei und Griechenland gespielt. In New York wurde das neue Kartenspiel 1893 als "Bridge-Whist" bekannt. In London führte der vornehme Portland Club, die Hochburg des Whist, das Spiel 1894 auf Drängen Lord Broughams ein, der es in Indien und Frankreich kennengelernt hatte.

Bridge-Whist unterschied sich vom Whist dadurch, daß nun ein Spieler die Trumpffarbe oder auch Sans Atout bestimmen oder die Entscheidung hierüber seinem Partner überlassen durfte (he 'bridged'the decision to his partner) und daß eine der vier Hände als 'Dummy'offen auf den Tisch gelegt wurde. 1904 wurden die Regeln erheblich weiterentwickelt: Die Spieler mußten in einer Art Versteigerung nicht nur eine Trumpffarbe sondern auch die Anzahl der Stiche, die sie in einem Spiel zu gewinnen beabsichtigten, bestimmen. Das "Auction-Bridge" war entstanden und wurde in den Folgejahren in den großen Clubs in England und den Vereinigten Staaten immer populärer. Durch den Portland Club wurden 1909 erstmals "Laws of Auction Bridge" veröffentlicht.

Angeregt durch das französische Spiel „Plafond“ wurden die Regeln des Auction Bridge 1914 in Frankreich erweitert: Um ein volles Spiel als Gewinn verbuchen und dafür eine Prämie erhalten zu können, mußte man es vorher als Vollspiel angesagt haben. Für Überstiche gab es Zusatzpunkte.

Als Geburtstag des modernen Bridge, des "Contract Bridge", gilt allgemein der 1. November 1925, als Harold Sterling Vanderbilt, ein wohlhabendes Mitglied der amerikanischen Hochfinanz, auf dem Passagierschiff "SS Finland" von Los Angeles nach Havanna fuhr. Vanderbilt nahm ein Kartenspiel, mischte es und sagte zu einigen seiner Reisegefährten: "Meine Herren, lassen Sie mich Ihnen ein neues Spiel zeigen. Vielleicht interessiert es Sie."
Vanderbilt hatte ein ausgeprägtes Gespür für Chancen und Risiken. Ihm war es gelungen, im Herbst 1925 einen detaillierten Katalog von Gutschriften und Minuspunkten zu entwerfen, der bis auf wenige Änderungen noch heute gültig ist. Vanderbilt faßte die Grundideen von Auction Bridge und Plafond zusammen, führte Prämien für ausgereizte Schlemms ein, verschärfte die Bestrafung für kontrierte Faller und erfand den Begriff der Gefahrenzone.
Mit Reisegefährten erprobte Vanderbilt noch auf dem Schiff seine neuen Ideen, und von seiner Seereise zurückgekehrt, verteilte er Kopien seines neuen Wertpunkt-Katalogs an einige Freunde. Sehr schnell verbreitete sich daraufhin die Nachricht von den Neuerungen in Auction Bridge -Kreisen, und alle, die sich nun am Contract Bridge versuchten, waren begeistert von den zahlreichen Variationsmöglichkeiten, durch die Auction Bridge erweitert und verbessert worden war.
Bald gab es für das neue Spiel national gültige Regeln. In New York wurden 1926 und in London 1929 "Laws of Contract Bridge" herausgegeben, aber erst 1932 entstanden in Zusammenarbeit von Bridge Clubs in England, Frankreich und den Vereinigten Staaten international verbindliche Regeln. Dabei und auch bei weiteren Überarbeitungen der nunmehr weltweit gültigen Regeln in den Jahren 1935, 1963 und 1981 spielte stets der Londoner Portland Club eine bedeutende Rolle.

Große Verdienste an der raschen Verbreitung des Bridge hat der in Rußland geborene Amerikaner Ely Culbertson. Er gab 1929 das erste Magazin für Contract Bridge ("The Bridge World") heraus und veröffentlichte 1930 sein berühmtes "Blue Book". Er war es auch, der 1930 einen in die Bridge-Geschichte eingegangenen Herausforderungs-Wettbewerb zwischen einem amerikanischen und einem britischen Team organisierte. Obwohl die Amerikaner die Oberhand behielten, wurde damals in englischen Zeitungen tagelang auf den Titelseiten über die Bridge-Wettspiele berichtet, und innerhalb kurzer Zeit nahm 1930

und 1931 die Zahl der in britischen Clubs organisierten Bridgespieler einen erheblichen Aufschwung. Neue Clubs wurden gegründet, Turniere wurden veranstaltet, und nachdem 1932 internationale Regeln festlagen und der internationale Bridgeverband gegründet worden war, etablierten sich einige Jahre danach - 1937 in den Vereinigten Staaten und 1938 in Großbritannien - auch nationale Bridgeverbände.
Obwohl Bridge weitgehend von Gedächtnisleistungen abhängig ist, spielt der Zufall von Karten-Teilungen doch eine nicht zu unterschätzende Rolle. Um Kartenglück so weit wie möglich auszuschalten und um Bridge noch stärker als echtes Wettkampfspiel zu entwickeln, bei dem für alle Beteiligten Chancengleichheit besteht, wurde in den 30er Jahren die vom Whist her bekannte Duplikation von Händen eingeführt. Eine Kartenteilung wird dupliziert und an mehr als nur **einem** Tisch gespielt. Spieler können dadurch ihre Ergebnisse mit den Resultaten an anderen Tischen, an denen mit identischen Teilungen gespielt worden ist, vergleichen. Im Gegensatz zum Bridge ohne Duplizierung, dem "Rubber Bridge", das vor allem privat gespielt wird, konnte durch Einführung dieses "Duplicate Bridge" der Zufall aus dem Contract Bridge weitgehend ausgeschaltet werden.
Regelmäßige internationale Meisterschaften gibt es seit 1932. In jenem Jahr spielten in Scheveningen sechs Nationen um den Titel des Europameisters. Sieger wurde Österreich. Die erste offizielle Weltmeisterschaft wurde 1935 zwischen dem damaligen Europameister Frankreich und den Vereinigten Staaten ausgetragen. Sieger waren die Amerikaner. Bei den zweiten, 1937 in Budapest ausgetragenen Weltmeisterschaften wurden die USA von Österreich geschlagen. Die Österreicher gewannen im selben Jahr auch den Titel in der erstmals ausgespielten Weltmeisterschaft für Frauen. Nach kriegsbedingter Unterbrechung gab es Weltmeisterschaften für Herren und für Damen erst wieder 1950. Seitdem finden Weltmeisterschaften regelmäßig statt, seit 1987 auch für Junioren unter 25.
1958 wurde die World Bridge Federation gegründet. Sie organisiert die Weltmeisterschaften und die seit 1960 ausgetragenen Bridge-Olympiaden. 1989 waren dem Welt-Bridge-Verband mehr als 80 nationale Bridgeverbände angeschlossen.

4. Das Acol-System

Das Acol-System hat seinen Namen nicht etwa von einem findigen Mr. Acol, der plötzlich einen genialen Einfall gehabt hatte, sondern geht zurück auf eine Straße und einen Club im Londoner Westen. In der Acol Road in London Hampstead trafen sich 1934 in einem düsteren Club gleichen Namens die Freunde Jack Marx und S.J. Simon mit einigen anderen zu mehr oder minder regelmäßigem Bridge. Dort diskutierten sie "over gallons of coffee", wie Bridge-Historiker zu berichten wissen, ihre Ergebnisse, probierten alte und neue Reizformen aus, suchten nach Verbesserungsmöglichkeiten ihres Reizsystems und entwarfen schließlich neue Theorien. Simon war meist derjenige, der neue Ideen zur Diskussion stellte. In Jack Marx fand er eine ideale Ergänzung. Marx analysierte die Theorien seines Freundes, arbeitete Simons Vorschläge bis ins einzelne aus und brachte dessen Theorien in praktikable Formen.

Sehr bald kam Maurice Harrison-Gray dazu. Simon führte ihn in sein neues System so gut ein, daß Harrison-Gray in den darauffolgenden Jahren, das Acol-System spielend, England in zahlreichen internationalen Turnieren repräsentierte und mehr internationale Titel gewann als irgendein anderer britischer Bridgespieler.
Zu diesen drei stießen kurz danach Iain Macleod, der 15 Jahre später als "Captain" des britischen Bridge -Teams Europameister werden sollte und auch als britischer Schatzkanzler noch aktiver Bridgespieler blieb, und Terence Reese. Macleod und Reese hatten sich zum ersten Mal als "Team Captains" in einem der seit langem jährlich stattfindenden Bridge-Wettkämpfe der Universitäten Oxford und Cambridge gegenübergestanden und vervollständigten nun im Londoner Acol Club die Gruppe der Bridge-Enthusiasten. Diese fünf erprobten und entwickelten das neue natürliche Bietsystem, und zu Recht gelten sie als die Erfinder des Acol-Systems: Simon, Marx, Harrison-Gray, Macleod und Reese.
Erstaunlich, daß sich zwar die Kunde vom neuen System sehr schnell in England verbreitete und daß auch sehr bald zahlreiche nationale und internationale Erfolge auf das Acol-System aufmerksam gemacht hatten, daß aber erst 1938 von Terence Reese das erste Buch über Acol geschrieben wurde. Seitdem sind in Europa und den Vereinigten Staaten zahlreiche hervorragende Bücher über das Acol-System erschienen. Als

einer der bedeutendsten Theoretiker und Bridge-Autoren gilt heute Eric Crowhurst, dessen Standardwerke "Precision Bidding in Acol" und "Acol in Competition" jedem Acol-Spieler wärmstens empfohlen werden.
Mehr als 80% aller Bridgespieler in Großbritannien und Irland spielen heute Acol, und auch in großen Teilen des europäischen Festlands sowie in Südafrika, Neuseeland, Australien und in den Vereinigten Staaten wird nach dem Acol-System gereizt. Seit Einführung dieses Acol-Systems ist die Nationalmannschaft Englands sechsmal Europameister und einmal Weltmeister geworden. 1993 wurden die Deutschen Klaus Reps und Markus Joest Junioren-Weltmeister - auch ihr Reizsystem basiert auf Acol.

Inhaltsverzeichnis

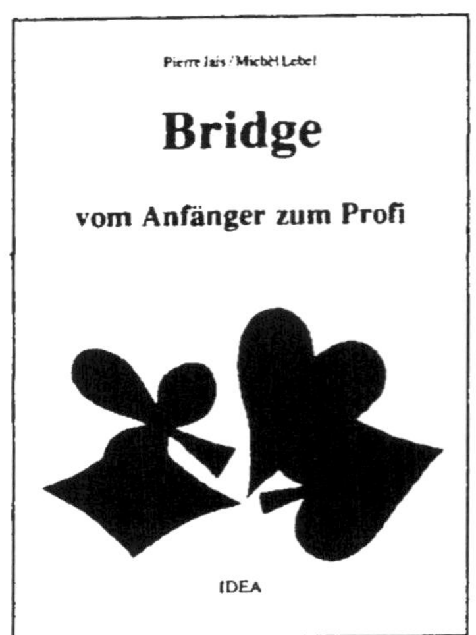

Pierre Jais/Michèl Lebel

Bridge - vom Anfänger zum Profi

Übersetzt aus dem Französischen von Adrienne Deutsch

150 Seiten, 15 x 21, brosch., farbiger Umschlag, ISBN 3-88793- 122-X

€ 16,50

Mit dem Buch "Bridge - vom Anfänger zum Profi" haben wir ein ganz bestimmtes Ziel verfolgt: All denen, die alt genug sind, um lesen zu können, das Bridge-Spiel so schnell wie möglich beizubringen. Dabei haben wir uns durchweg um die einfachste, klarste und kürzeste Ausdrucksweise bemüht, um Lesern aller Altersklassen zu ermöglichen, alsbald am Spieltisch Platz zu nehmen und die ersten Schritte ihrer Bridge-Karriere zu wagen. Wir stützen uns dabei auf das heute weltweit am häufigsten gespielte System - die Fünfer-Oberfarben.
Pierre Jais/ Michèl Lebel (Fünffache Weltmeister)

W.Heyn

Der Alltagsspieler im Paarturnier

12 Hinweise zur Taktik

88 Seiten 15 x 21, broschiert, farbiger Umschlag, ISBN 3-88793-063-3

€ 9,20

In diesem Band soll erläutert werden, worin die wesentlichen Unterschiede zwischen Rubberbridge und Paarturnier liegen und wie ihnen in Reizung und Spielablauf Rechnung getragen werden kann. Dabei wird auch auf die Abrechnung im Paarturnier eingegangen und besonders auf die Bedeutung von Sans Atout, Ober- und Unterfarben in diesem Bereich hingewiesen.
Die verschiedenen Sperransagen, das frühe Strafkontra und sinnvolle sowie sinnlose Signale werden beleuchtet. Das Ziel ist es, dem Leser vorhandenes unbewußtes oder unterbewußtes Wissensgut an die Oberfläche zu holen.

W. Heyn

Alltagsspieler gewinnen Paarturniere

Noch bessere Scores im Paarturnier
72 Seiten, 15 x 21, broschiert, farbiger Umschlag, ISBN 3-88793- 073-8

€ 8,60

Das Paarturnier ist im wesentlichen ein Wettbewerb im zwischenmenschlichen Bereich. Im Gegensatz zum Teamturnier ist es nicht ganz frei vom Glücksfaktor. Es wird nicht entschieden durch komplexe oder wissenschaftliche Erkenntnisse, sondern durch den gesunden Menschenverstand: zähl bis 13, zähl bis 4 x 13, reiz keine riskanten Schlemms - das ist die Parole. So kann jeder Spieler im Paarturnier zum Erfolg kommen, auch wenn er immer nur "schlechte Karten" hat, wie man so oft hört.

.Hugh W. Kelsey
Turnier-Bridge-Strategie

Übersetzt aus dem Englischen von Adrienne Deutsch
231 Seiten, brosch., farbiger Umschlag
ISBN 3-88793-002-9

€ 15,30

An über 200 glänzenden Beispielen erläutert H.W.Kelsey die faszinierende Struktur der Paarturnier-Strategie. Nacheinander analysiert er die Problematik des Reizens, des Alleinspiels und der Verteidigung, die sich aus den besonderen Randbedingungen des Paarturnier-Scores ergibt. Sie wird vom Ausspiel gegen einen Teilkontrakt bis hin zum Extremfall eines Opfers gegen einen Großschlemm in ihrer ganzen Breite behandelt, ein Vorhaben, das selten versucht und nie zuvor vollendet wurde.
Ist es vertretbar, eines zweifelhaften Überstiches wegen einen Kontrakt aufs Spiel zu setzen? Kann auch die kleinere Chance die bessere sein? Ist es möglich, gefahrlos zu gambeln? Wann ist das Ausgefallene angebracht? Der Autor läßt keine Frage offen.

Darüber hinaus führt Kelsey den Leser so geschickt an die Technik des Paarturnier-Spiels heran, daß dieser bald lernt, die richtigen Antworten selbst zu finden.

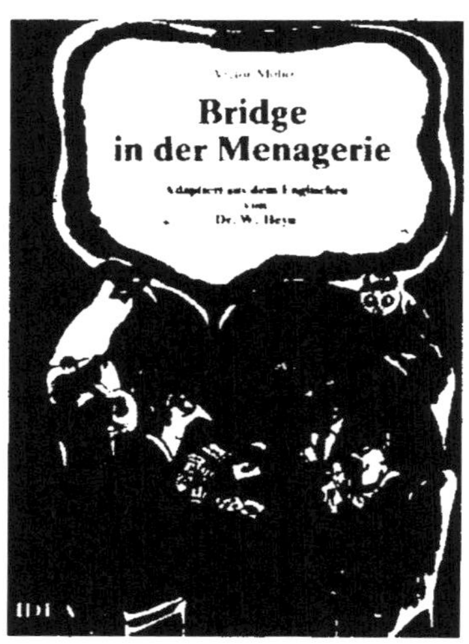

Victor Mollo
Bridge in der Menagerie

144 Seiten, 15 x 21, broschiert, farbiger Einband, ISBN 3-88793- 146-7

€ 14,00

Übersetzt und adaptiert aus dem Englischen von Dr. W. Heyn

In köstlichen Tiergeschichten rund um das Bridge-Spiel hat V. Mollo die unterschiedlichen Charaktere von Bridgespielern in den verschiedensten Tiergestalten dargestellt. Der ungewöhnliche Zug in diesem Buch, Victor Mollos Meisterstück einer Burleske, ist wohl, daß nicht nur das Ekel ein Meister ist, sondern auch der Hasenfuß, der sich selbst als zweitschlechtester Spieler der Welt einschätzt. Beide führen alle Arten von genialen Spielen durch, der letztere stets unabsichtlich.